Hans Richards

Fahrrad reparieren leicht gemacht

Dieser Band erscheint in der Reihe **Fachwissen für Heimwerker**

Weitere Bände in Vorbereitung

Hans Richards

Fahrrad reparieren leicht gemacht
Rennrad-Sportrad-Tourenrad

Verlagsgesellschaft Rudolf Müller · Köln-Braunsfeld

1.–10. Tausend 1981
11.–17. Tausend 1983
18.–22. Tausend 1986

ISBN 3-481-25661-2

Verlagsredaktion: Ingeborg Roggenbuck
Umschlaggestaltung: Hanswalter Herrbold, Leverkusen-Opladen
Druck: A. Hellendoorn, Bad Bentheim
Printed in Germany

Vorwort

Die Zahl von über vier Millionen verkauften Fahrrädern innerhalb eines Jahres in unserem Land spricht für sich. Das schon recht alte Verkehrsmittel erlebt eine Blütezeit wie nie zuvor, und so gibt es neuerdings schon Lieferzeiten für ausgefallene Renner. Dabei hat die Industrie die Räder seit Jahren stetig weiterentwickelt. Zu Recht können Fahrräder heute als Geräte mit hohem technischen Niveau bezeichnet werden.

Wer ein Fahrrad sein eigen nennt, wird sich deshalb zur Freude am Fahren wie auch zur eigenen Sicherheit ständig bemühen, das Rad »topfit« zu halten. Das beginnt beispielsweise beim Luftaufpumpen und braucht noch längst nicht beim Einspeichen einer Felge zu enden. Man muß dazu aber wissen, wie diese Einstellung oder jene Reparatur durchzuführen ist, welche Besonderheiten zu beachten sind und was beispielsweise an Gabel, Rahmen oder Lenker nicht repariert werden darf.

Dieses Buch vermittelt das Fachwissen für Fahrrad-Heimwerker detailliert und ausführlich. Anfänger und Fortgeschrittene erhalten gleichermaßen wichtige und nützliche Tips, auch für den Ersatzteilekauf. Ich wünsche darum jedem Leser, daß er sein Rad nicht nur beim Fahren beherrscht. Wir Heimwerker finden vielmehr im Reparieren, Erhalten, Pflegen und Justieren der Komponenten am Fahrrad die Verbundenheit mit unserem Hobby und der Technik des Rades stets auf's neue bestätigt.

Darmstadt, im Juni 1981

Hans Richards

Inhalt

Das Fahrrad im Wandel der Zeit

Lange vor den Anfängen der körperbetriebenen Vorwärts-
bewegung auf zwei Rädern befaßte sich der italienische
Ingenieur, Maler, Bildhauer und Baumeister Leonardo da
Vinci (1452 bis 1519) mit neuen Möglichkeiten, Hin- und
Herbewegungen in drehende Bewegungen zu verwan-
deln. So entdeckte man beim Restaurieren des Codex At-
lanticus die Zeichnung eines Fahrrades. Möglicherweise
zeichnete ein Schüler Leonardos dieses Bild zwischen
1490 und 1500 nach Christi, ohne jedoch jemals ein Fahrrad gesehen zu haben. Die dargestellten Einzelheiten sind
jedoch beachtlich: Eine Kette, vielleicht auch ein Riemen,
arbeitet vom Tretlager aus auf das Antriebsritzel des Hinterrades. Der Sattel ist mit dem Rahmen verbunden, und
der Lenker wirkt über die Gabel auf das Vorderrad. Hätten
die Erfinder des Fahrrades im 19. Jahrhundert von dieser
Zeichnung gewußt, so wäre die Entwicklung sicherlich
noch rascher vonstatten gegangen. So aber begann die
Entwicklung mit der Erfindung der »Draisine« des Frei-

herrn Karl Drais von Sauerbronn in Baden im Jahre 1817. Vor allem Deutschland, Frankreich und England waren an der Fortentwicklung der Drais'schen Erfindung beteiligt. 1866 wurde das erste in Deutschland serienmäßig fabrizierte Fahrrad – ein Hochrad – in Nürnberg verkauft.

Vom Rad zum Fahrrad

Im Delta zwischen Euphrat und Tigris, im heutigen Irak, lebten einst die Sumerer. Von ihnen stammt die älteste erhaltene Skizze von Rädern aus starken Holzscheiben. Wer aber das Rad je erfunden hat, wird uns immer unbekannt bleiben.
Rund 4000 Jahre später, im 15. Jahrhundert, befaßte sich Leonardo da Vinci mit drehenden Rädern jeder Art, wobei

auch der Entwurf zu einem Fahrrad entstand, der später wieder in Vergessenheit geriet. In einer deutschen Chronik ist vermerkt, daß am 9. Januar 1447 im bayerischen Memmingen eine »unbespannte Karosse« von eines Mannes Muskelkraft bewegt wurde.

Für die moderne Fahrradgeschichte ist das Jahr 1817 bedeutsam. Der Großherzoglich-Badische Forstmeister Karl Friedrich Ludwig Christian Drais von Sauerbronn erfand die später Draisine genannte »Laufmaschine«, die er mit Riesenschritten durch die Straßen bewegte. Am 12. Juli 1817 soll er so »radelnd« von Mannheim nach Schwetzingen bestaunt worden sein. Danach ging es rasch bergauf.

1818 setzte in Paris das erste Wettrennen mit »Draisinen« den Grundstein zu allen nachfolgenden Zweiradrennen bis zum heutigen Tag.

1853 und noch einmal 1862 wurden Pedale und Tretkurbeln an Draisinen bekannt. 1869 war die Fahrradkette als Mittel zur Übertragung des Antriebs erfunden. 1887 erfand der Schotte Dunlop nochmals den mit Luft gefüllten Reifen, der bereits 1845 von William Thomson erfunden worden und alsbald in Vergessenheit geraten war. Die kuriosesten Fahrräder kamen danach auf den Markt. Hochrad, Dreirad, Einrad und andere Vehikel befuhren die damals noch unbefestigten oder holprig gepflasterten Straßen.

Bis in die heutige Zeit hat sich die Vielseitigkeit in Form und Ausführung der Fahrräder erhalten. Wie anders wäre die inzwischen abgeebbte »High-Riser«-Mode zu erklären, als jeder Junge um sein »Bonanza-Rad« bettelte und kämpfte? Geändert dagegen hat sich die Technologie der Fahrradherstellung. Der Zubehörmarkt erlebt seine Blütezeiten, und die technischen Raffinessen der Fahrräder begeistern heute jung und alt. In der Bundesrepublik Deutschland einschließlich West-Berlin gibt es heute weit über 30 000 000 solcher Drahtesel. Ölschock, Trimmdichwelle sowie Umwelteinflüsse lassen diese Zahl ständig ansteigen.

Dieses Buch beschreibt darum die Fahrräder so ausführlich, damit Wartung und Pflege, Reparaturen, Einstellung und Justage selbst vorgenommen werden können. In wenigen schwierigen Fällen wird man die Werkstatt bemühen. Ein solcher Fall ist beispielsweise das Neueinspei-

chen einer Felge, wenngleich auch diese Arbeit hier beschrieben wird.

Ein manuelles Einspeichen lohnt sich im Do it yourself-
Verfahren sicher. Sobald der Händler bemüht werden
muß, lohnt sich die Ausgabe – verglichen mit dem Neukauf – nur noch, wenn es sich um ein Hinterrad mit Nabenschaltung handelt. In der Fabrik werden heutzutage die
Räder vollautomatisch mit Speichen ausgerüstet, zentriert
und vermessen. Demgegenüber ist das Einziehen der
Speichen von Hand eine relativ teure Angelegenheit, auch
wenn vorhandene Teile verwendet werden können.

Früh übt sich . . .

12

Das Fahrrad heute

Der Trend geht zum hochwertigen, leichten und eleganten Fahrrad. »Leicht« bezieht sich dabei nicht nur auf das Gewicht, sondern vor allem auch auf den Lauf. Wenn das Fahrrad auch wohl seine annähernd ideale Form erreicht hat, so ist es für den Techniker doch wieder zu einer Herausforderung geworden. Das Wiener Unternehmen Steyr-Daimler-Puch AG zeigte auf einer der letzten Internationalen Fahrrad- und Motorrad-Ausstellungen (IFMA) in Köln in Zusammenarbeit mit Porsche-Design die »Radstudie«, an der konventionelle Bauteile mit absolut neuartigen Technologien und Materialien, vor allem Kunststoffen, kombiniert sind.

Die IFMA 80 hat gezeigt, daß das Fahrrad der Zukunft nicht mehr ohne Rücksicht auf technische Unzulänglichkeiten besonders billig hergestellt werden wird. Was im Automobilbau inzwischen als Selbstverständlichkeit gilt, nämlich das Streben nach einer optimalen Energieausnut-

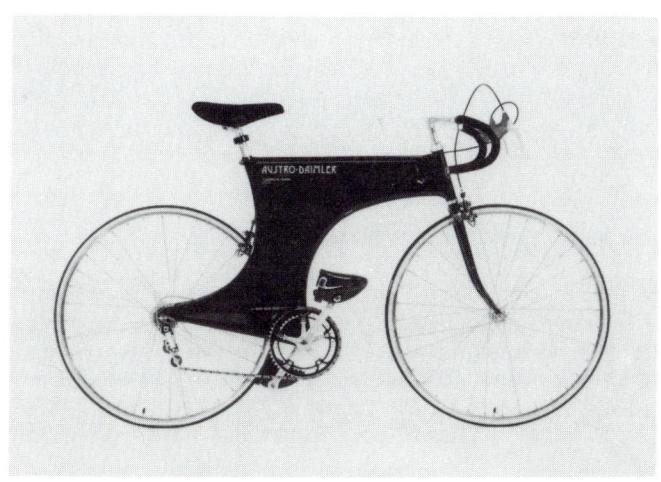

3 Die »Radstudie« verdeutlicht die Suche nach etwas Neuem am modernen Rad.

zung, das haben sich nun auch die fortschrittlichen Fahrradhersteller auf ihre Fahnen geschrieben. »Wenig Gewicht und wenig Reibung« heißt die Parole. Das beginnt bei der Bereifung und geht über Naben, Kette und Tretlager bis zu den Pedalen. Leichtmetall, dünnere Rohre und ausgefeilte Technik, im Radsport längst eine Selbstverständlichkeit, setzen sich auch beim Fahrrad für den täglichen Gebrauch durch. Die Trimmwelle hat dem Radfahrer neue Ziele gesteckt und damit auch den Konstrukteuren und Zubehörlieferanten. Endlich gibt es die richtige Bekleidung, sind Packtaschen jeder Größe und jeden Formats zu haben, leicht und wasserdicht. Auch haben sich Reiseveranstalter, Verkehrsvereine und viele Anbieter von Unterkünften der Radler angenommen. Der Aktivurlaub mit dem Fahrrad wird immer attraktiver, nicht zuletzt deshalb, weil die körperliche Betätigung Gaumenfreuden ohne Folgen bleiben läßt. Und das Gepäck wartet bei der Ankunft schon im Hotel. Wer den Urlaub von der Stange mit Charterflug und Sonnenstrand oft genug genossen hat, dem bietet sich hier eine reizvolle Alternative.

Am Zuge sind nun die Verkehrsplaner. Sie müssen dafür sorgen, daß auf die Fahrrad-Begeisterung nicht die Ernüchterung folgt. Das Zauberwort heißt Verkehrsentmischung. Der Auto- und der Fahrradverkehr müssen voneinander getrennt werden, wenn nicht der eine für den anderen zum Ärgernis, zum Hindernis und zur Gefahr werden soll. Vereinzelt wird bereits damit begonnen, neue Radwege anzulegen. Generalverkehrspläne für Fahrräder werden diskutiert. Auch die Forderung, das Radfahren auf Gehwegen zu erlauben, ist seit langem gestellt, für Kinder bis zu acht Jahren ist sie verwirklicht.

Die verschiedenen Fahrradmodelle

Es gibt eine Reihe von Grundtypen, denen sich alle Fahrräder zuordnen lassen. So hat das Tourenrad einen sehr stabilen Rahmen mit Muffen. Die Lenker sind bewußt konservativ geformt. Gebaut werden diese Räder in Felgengrößen von 26″ und 28″ (nach wie vor hat sich das Maß Zoll, hier mit ″ bezeichnet, gegenüber dem metrischen Maß bei den Felgengrößen halten können). Tourenräder

wiegen zwischen 15 und 19 Kilogramm (kg). Oft werden Nabenschaltungen eingebaut.

Tourensportträder sind meist farbig lackiert und mit Sport-Ausfallenden am Rahmen-Hinterbau versehen. Dadurch wirkt der Radtyp eleganter, weshalb meistens auch nur Damenräder dieser Art im Handel sind.

Das Hollandrad entspricht den Tourenrädern. Es verfügt jedoch über einen geschlossenen Kettenschutz, der die Kettenübersetzung gegen Schmutz- und Spritzwasser schützt. Auch ist das Kleidernetz als geschlossene Kunst-stoffolienverkleidung ausgeführt. Gebaut werden Holland-räder für Damen und Herren in 26″- und 28″-Ausführung mit Gewichten bis zu 20 kg.

Sporträder sind heute die meistverkauften Fahrradty-pen. Sie sind durchweg etwas leichter als Tourenräder und bieten ein eleganteres, eben sportlicheres Aussehen. Sie sind farbig gestaltet und oft reichlich mit Folien-Ab-ziehbildern bestückt. Wenn das Gewicht durch die Ver-wendung von Aluminium bei diversen Bauelementen re-duziert ist, spricht die Branche oft von Leichtlauf-Sporträ-dern. Zwischen 13 und 17 kg wiegen diese Räder, die in den Größen von 26″, 27″ und 28″ gebaut werden.

Rennsportträder sind für den Straßenverkehr zugelasse-ne Rennräder. Dabei wird besonders auf geringstes Ge-

4 *Stabil und konservativ sind Tourenräder.*

5 *Hollandräder sind von der Bau-art her auch Tourenräder.*

15

6 Sporträder sind leicht und elegant.

7 Für den Straßenverkehr zugelassen: das Rennsportrad.

wicht geachtet, was mit geeigneten Stahlrohrqualitäten und Aluminium erreicht wird. Die mit Kettenschaltungen bis zu 12 Gängen ausgestatteten Räder werden in den Größen 27″ und 28″ (bei Jugendrädern mit 24″ und vereinzelt auch mit 26″) gebaut. Sie wiegen zwischen 11 und 15 kg – Beleuchtung, Schutzbleche und Seitenstütze als Radständer eingeschlossen.

Beim **Alurad** ist die Verwendung von Aluminium besonders ausgeprägt. Wenn der Rahmen auch noch aus Aluminium gefertigt ist, kann man das Rad »reinrassig« nennen. Das Gewicht sollte dann schon unter 15 kg liegen. Besonders aber ist bei solchen Rädern ein erhöhter Korrosionsschutz gewollt.

Klappräder sind zweifellos leicht zu transportieren. Allerdings sind ihre Eigenschaften für den Benutzer – Fahrverhalten, Leichtlauf und Anforderungen an die Körperhaltung – nicht so gut. Gebaut werden Klappräder mit Felgen zwischen 20″ und 24″. Beim Kauf sollte man auf eine Nabenschaltung nicht verzichten.

Jugendräder sind baugleich mit Rädern für Erwachsene. Doch sind die Rahmen etwas niedriger. In den Ausführungen 20″, 24″ und 26″ sind diese Räder den Körpergrößen von Jugendlichen angepaßt.

8 Aluräder haben den Vorzug des geringen Gewichtes.

16

»High-Riser« sind eine Modeerscheinung, die vor Jahren ihren Höhepunkt überschritt. Die Räder sind dennoch bis heute im Handel und werden auch Kompakt-, Polp- oder Motocross-Fahrräder genannt. Sie werden in 16"-, 18"- und 20"-Größen gebaut. Bananen-, Winkel- oder Kommißbrotsattel, Hochlenker und allerlei imitierte Bauelemente kennzeichnen diesen Radtyp. Sobald die in der StVZO geforderten Komponenten, beispielsweise die Beleuchtung, vorhanden sind, gilt das Rad als »straßentauglich« und wird nicht mehr den Kinderrädern zugeordnet.

9 Ein Klapprad ist leicht zu transportieren.

Kinderräder sind gemäß § 24 StVZO Fortbewegungsmittel, die den Körpergrößen von Kindern angepaßt sind. Beleuchtung und Rückstrahler müssen nur dann vorhanden sein, wenn das Kind im schulpflichtigen Alter ist und das Rad beispielsweise auf dem Schulweg oder beim Familienausflug als Verkehrsmittel benutzt wird.

Tandem-Fahrräder werden in den Größen 20", 23", 24", 26" und 28" hergestellt. Dabei sind immer zwei Sitzplätze hintereinander angeordnet. Die Bauarten sind recht unterschiedlich. Bei den Größen 20", 23" und 24" werden Einrohrrahmen verwendet. Somit sind beide Sitzplätze für Damen und für Herren geeignet. Die größeren Typen aber sind vorn zum Aufsteigen für Herren und hinten meistens zum Aufsteigen für Damen und Herren gebaut.

10 High-Riser sind nicht mehr so stark in Mode.

Shoppingräder sind meistens einsitzige Dreiräder, bei denen die beiden Hinterräder auf einer gemeinsamen Achse montiert sind. Gute Fahreigenschaften entstehen erst, wenn zwischen beiden Hinterrädern ein Differentialgetriebe eingebaut ist. Der Einsatz solcher Räder im Stadtverkehr ist schon recht problematisch.

Und was sagt der Gesetzgeber?

Die Straßenverkehrs-Zulassungs-Ordnung – StVZO – enthält mehr oder weniger klar umrissene Forderungen, die für alle Fahrräder gelten, die in der Bundesrepublik und West-Berlin bewegt werden. So müssen Fahrräder nach § 64 StVZO leicht lenkbar und mit einer helltönenden,

11 Dieses Kinderrad läßt sich zum Zweirad umbauen.

17

12 Das Tandem bietet viel Spaß zu zweit.

13 Ein Shopping-Rad ist praktisch. Im Verkehr aber kann es zu Behinderungen kommen.

deutlich hörbaren Glocke ausgestattet sein. Radlaufglocken sind verboten, wenngleich – und das ist leider bei anderen Dingen ebenso – derartige Geräte frei gehandelt werden dürfen. Nach § 30 StVZO müssen die Räder so gebaut und ausgerüstet sein, daß ihr »verkehrsüblicher Betrieb niemanden schädigt oder mehr als unvermeidbar gefährdet, behindert oder belästigt«. So dürfen beispielsweise keine scharfen Kanten vorhanden sein. § 22a der Straßenverkehrs-Zulassungs-Ordnung legt im einzelnen fest, welche Teile eine Bauartgenehmigung benötigen. Dies sind alle Teile der elektrischen Beleuchtung, der rote Rückstrahler, die Pedalrückstrahler und die ab 1.1.1982 vorgeschriebenen seitlich wirksamen Rückstrahler. Bauartgenehmigte Teile sind mit einer Wellenlinie, mit dem Buchstaben »K« und einer nachfolgenden fünfstelligen Nummer gekennzeichnet. Darauf sollte beim Ersatzteilkauf unbedingt geachtet werden. Das alles gilt jedoch nicht für Kinderfahrräder, die lediglich als Spielzeug verwendet werden.

Einige Regelungen gibt es für die Fahrsicherheit: So soll der Scheinwerfer leicht nach vorn geneigt sein. In fünf Metern Entfernung soll die Mitte des Lichtkegels nur noch halb so weit vom Boden entfernt sein wie der Scheinwerfer am Rad. Anders ausgedrückt: Der Scheinwerfer soll die Fahrbahn zehn Meter weit ausleuchten. Im Scheinwerfer dürfen nur Glühlampen mit 6 Volt und 2,4 Watt, in der Schlußleuchte mit 6 Volt und 0,6 Watt verwendet werden.

14 Die Radglocke muß deutlich hörbar sein.

15 Radlaufglocken verbietet der Gesetzgeber. Nicht aber den Handel damit.

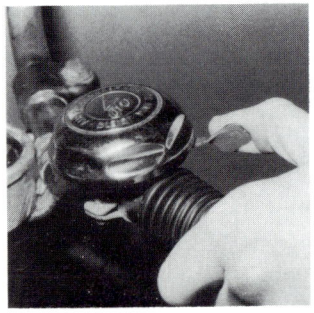

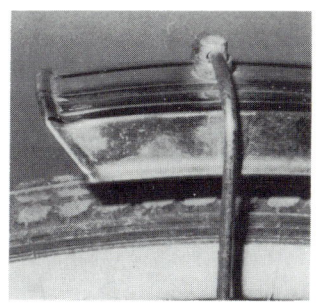

16 Gemäß der Straßenverkehrs-Zulassungs-Ordnung (StVZO) müssen am Fahrrad scharfe Kanten abgerundet oder umgebördelt werden.

17 Seitliche Rückstrahler dienen der Sicherheit. Ab 1.1.1982 sind sie Pflicht.

Aber auch die richtige Einstellung von Sattel und Lenkerhöhe dient der Fahrsicherheit. Dabei ist die Lenkerhöhe richtig eingestellt, wenn die Lenkermuffe oder der Lenkervorbau etwas tiefer oder ebenso hoch liegt wie die Satteloberkante. Der Sattel ist dann richtig eingestellt, wenn beide Fußspitzen noch ausreichend den Boden berühren. Dabei sollen die Fußballen bei nicht ganz durchgestreckten Beinen noch auf dem Pedal aufliegen, wenn es seinen tiefsten Punkt erreicht hat.

Der richtige Reifendruck gehört ebenso zur Fahrsicherheit wie ausreichendes Reifenprofil und einwandfreie Funktion von Beleuchtung und Bremsen. Schließlich aber sollte man die angebrachten Schutzvorrichtungen wie Kettenschutz oder Schutzbleche nicht entfernen, damit Kleidungsstücke nicht erfaßt werden, was zu Stürzen führen kann.

20 Umgekehrt besteht auch eine Beziehung zwischen Sattelhöhe und Körpergröße.

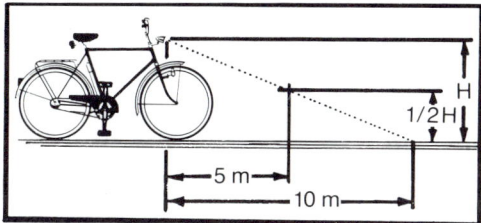

18 So stellt man den Scheinwerfer richtig ein.

19 Die Sattelhöhe muß zur Lenkerhöhe im Verhältnis stehen.

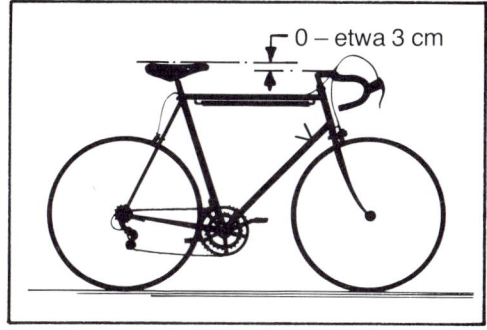

0 – etwa 3 cm

Rund um die Fahrradteile

Manche Reparatur am Fahrrad wäre unnötig, wenn der Pflege genügend Aufmerksamkeit gewidmet würde. Von Zeit zu Zeit sollte man eine »Inspektion« durchführen und dabei lose gewordene Teile neu befestigen. Einstellungen an Bremsen und Schaltung können bei der Gelegenheit auch vorgenommen werden.

Wenn man Teile vom Fahrrad abmontiert, empfiehlt es sich, darauf zu achten, wie sie am Rad angebaut waren, und in welcher Reihenfolge sie gelöst wurden. Das er-

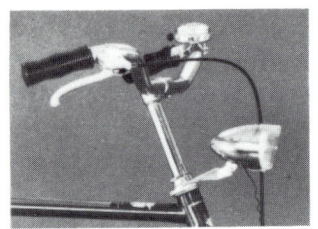

22 Der Lenker vom Tourenrad . . .,

leichtert den Zusammenbau. Am besten geht das, wenn man die Teile seitenrichtig und in der Reihenfolge ihres Abbaus nebeneinanderlegt. Die Einzelteile haben recht verschiedene Abmessungen. Darum sollte man die alten Teile entweder genau ausmessen oder mitnehmen, wenn man Ersatzteile kaufen will.

Der Lenker

Nicht nur zum Steuern, sondern auch zum Festhalten dient dieses Teil, das auch die Kräfte vertragen muß, die abwechselnd auf beiden Seiten entstehen, wenn man in die Pedale tritt. Ein nachträglicher Austausch ist möglich (siehe Tabelle 1: Lenker).

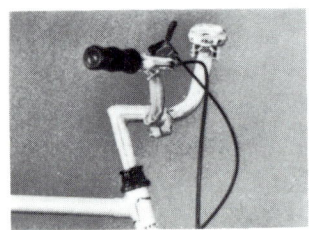

23 . . . vom Sportrad . . .

Tabelle 1: Lenker

Radtyp	Lenkerform	ca. Lenker-breite (mm)
Tourenrad, Hollandrad	»Gesundheitslenker«. Die Griffe verlaufen parallel zum Rahmen und stehen höher als die Lenker-muffe oder der Vorbau.	540 – 560
Sportrad	»Sportlenker«. Die Griffe zeigen leicht nach außen und stehen meist nur wenig höher als die Lenkermuffe oder der Vorbau.	490 – 520
Rennsportrad	»Rennlenker« mit unterschied-lichsten Formen. Meistens sind die Griffe nach unten gezogen und parallel zum Rahmen geführt.	390 – 420
Klapprad, High-Riser	»Hochlenker«: eigenartige, dem Radtyp angepaßte Lenker, die auch die aufgrund kleiner Räder fehlende Höhe ausgleichen sollen.	570 – 660
Kinderrad	»Kinderradlenker«. Die Griffe zeigen nach außen und stehen meist weit höher als die Lenker-muffe oder der Vorbau.	410 – 450

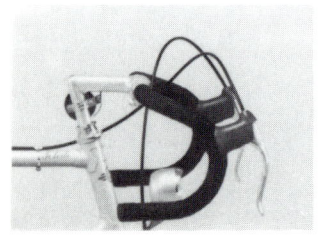

24 und vom Rennsportrad.

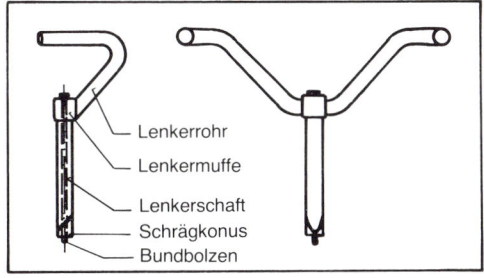

Lenkerrohr
Lenkermuffe
Lenkerschaft
Schrägkonus
Bundbolzen

25   Der ungeteilte Lenker.

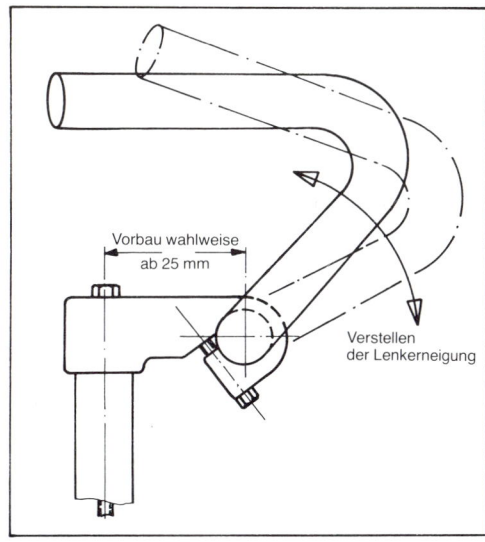

Vorbau wahlweise
ab 25 mm

Verstellen
der Lenkerneigung

26   Der geteilte Lenker und sein
Vorbau.

Man unterscheidet zwischen ungeteilten und geteilten Lenkern. Bei den ungeteilten ist das Lenkrohr über die Lenkermuffe unlösbar mit dem Lenkerschaft verbunden. Die geteilten Lenker haben einen Vorbau, an dem die Lenkerneigung und damit die Lage der Griffe zur Waagerechten hin verstellt werden kann. Soll der Abstand zwischen Sattel und Lenker am Lenker verändert werden, so kann man den Vorbau austauschen. Im Handel sind Vorbaulängen zwischen 25 und weit über 100 Millimetern. Wenn eine Gestängebremse vorhanden ist, kann das Vorbaumaß allerdings nicht verändert werden.

Der **Lenkerschaft** wird mit einer eingebauten Spannvorrichtung befestigt. Dabei reicht eine Klemmschraube mit Sechskant- oder Innensechskantkopf (bei Klapprädern mit Kreuzgriff zur Verstellung ohne Werkzeug) durch den Lenkerschaft hindurch zu einem Rundkonus oder zu einem Schrägkonus. Der Rundkonus sitzt mit seiner Nase in einem Schlitz des Lenkerschaftes. Beim Anziehen der Klemmschraube drückt er den Schaft fest in das Gabel-

27   Wegen der Gestängebremse kann der Vorbau hier nicht verändert werden.

23

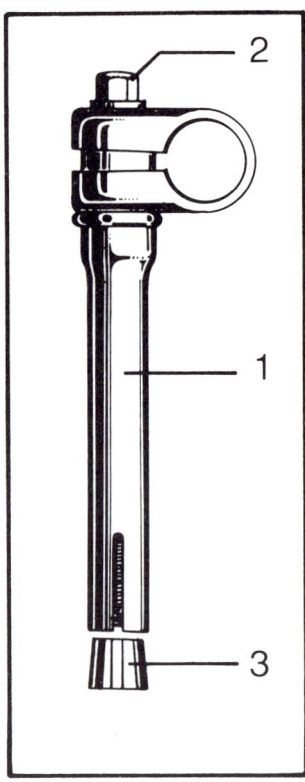

1 = Lenkerschaftrohr
2 = Klemmschraube
3 = Rundkonus

28 Der Rundkonus kann im Gabelschaftrohr Verformungen hervorrufen.

schaftrohr, wo bei zu festem Anziehen der Klemmschraube Verformungen auftreten können. Der Schrägkonus dagegen benötigt ein geringes Schraubenanzugsmoment, hält besser und verformt nichts.

Zum Lösen der Klemmung schraubt man entgegen dem Uhrzeigersinn einige Umdrehungen auf, schlägt mit einem Gummi- oder Plastikhammer die Schraube in Richtung Lenkerschaft zurück und kann nun den Lenker höher oder seitlich verstellen. Achtung: Gemäß DIN 79100 beträgt die Mindesteinstecktiefe des Lenkerschaftes 65 mm. Bei neueren Modellen ist hier eine Markierung vorhanden. Sollte der Konus nach dem Lösen in das Steuerkopfrohr fallen, so wird der Lenker entfernt und das Rad auf den Kopf gestellt. Dann fällt der Konus wieder heraus.

Falls der Lenker Unfallschäden aufweist, muß man ihn ersetzen. Ein Richten oder Reparieren verbietet sich aus Sicherheitsgründen.

Die **Lenkergriffe** sind heute aus Kunststoff gespritzt. Sie sind verschleiß- und abriebfest, färben nicht ab und lassen sich leicht reinigen. Mit den Griffen werden die Lenker »griffiger«. Der Kunststoff schützt die Hände bei kühler Witterung. Sobald es wärmer wird, sorgen die Luftkammern am Griff für die erforderliche Kühlung der Hände. Das Fehlen solcher Lenkergriffe erhöht die Unfallgefahr. Die Griffe werden einfach auf die Lenkerenden aufgeschoben. Sollte dies zu schwer gehen, kann man die Griffe zuvor einige Minuten in heißes Wasser tauchen.

Lenkerband wird anstelle von Griffen um die Rennlenkerbügel gewickelt. Es handelt sich dabei um selbstklebende Baumwollbänder, die griffreundlich, griffest und schweißaufsaugend sind. Die Enden der Rennlenker werden mit Stopfen verschlossen, um das Risiko von Verletzungen zu vermindern.

Der Sattel

Obwohl er für den Fahrkomfort und damit indirekt auch für die Sicherheit große Bedeutung hat, ist der Sattel oft das Stiefkind am Rad. Der Damensattel sollte aus anatomi-

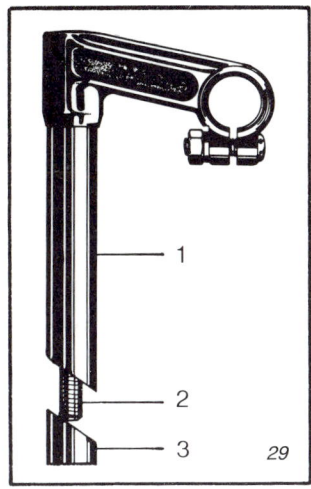

1

2

3

29

1 = *Lenkerschaftrohr*
2 = *Klemmschraube*
3 = *Schrägkonus*

29 Besser ist der Schrägkonus. Er muß auch nicht so fest angezogen werden.

30 So löst man die Klemmschraube am Lenkerschaft.

31 Mit leichten Schlägen wird die Schraube zurückgeschlagen. Dadurch löst sich der Konus im Gabelschaftrohr.

34

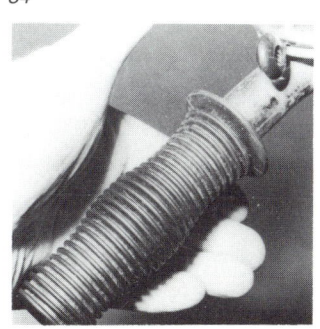

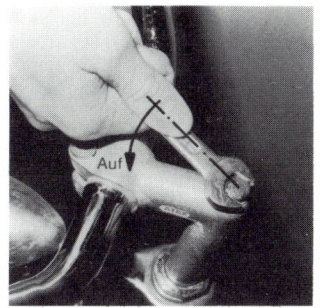

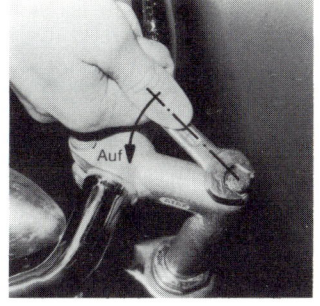

30

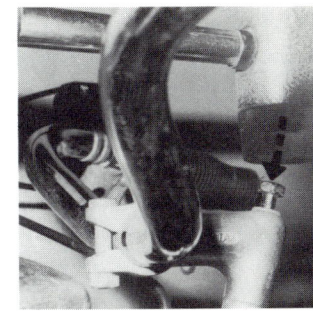

31

32 Vorderrad zwischen die Beine, Lenker mit beiden Händen untergreifen, und dabei drehen und ziehen: So zieht man den Lenker nach oben.

33 Die markierte Mindesteinstecktiefe von 65 mm darf am eingestellten Lenkerschaft nicht sichtbar sein.

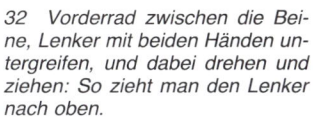
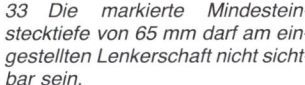

32

34 Lenkergriffe schützen die Hände bei jeder Witterung.

35 Rennlenker sind mit Lenkerband umwickelt und mit Stopfen verschlossen.

35

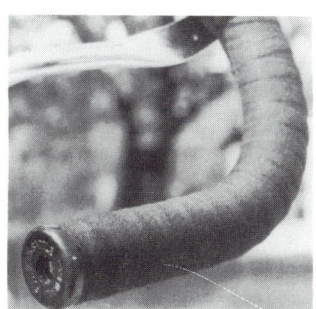

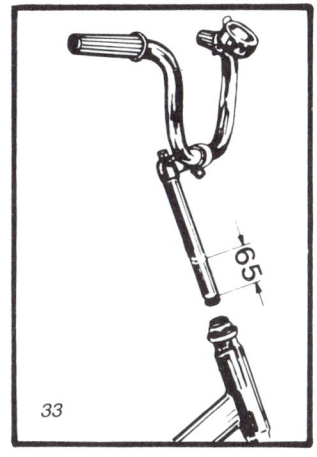

33

36   Der Sattel vom Tourenrad, ...

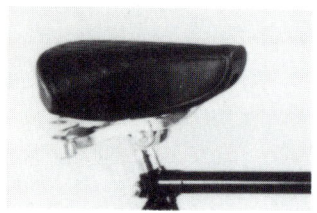

37   ... vom Sportrad ...

38   ... und vom Rennsportrad.

39   Der Sattel ist mit einer Klemmvorrichtung auf die Sattelstütze aufgeklemmt.

40   Der Sattel kann geneigt oder angehoben, ...

schen Gründen etwas anders geformt sein und eine breitere Sitzfläche haben als der Herrensattel. Außerdem unterscheidet man in Bauart und Federung verschiedene Sättel für Touren-, Sport- und Rennräder. Jeder Satteltyp kann mit einer Klemmvorrichtung, mit der er auf der Sattelstütze aufgeklemmt ist, nach vorn oder hinten geneigt, vom Lenker entfernt oder angenähert werden. Um die Entfernung des Sattels vom Lenker zu vergrößern, läßt sich der Innenteil der Klemmvorrichtung um 180 Grad nach vorn verdrehen. Dazu muß der Sattel von der Stütze abgenommen werden. Für diese Arbeiten sind die Muttern auf beiden Seiten der Klemmvorrichtung zu lösen und wieder anzuziehen.

Die **Sattelstütze** dient zur Befestigung des Sattels am Fahrradrahmen. Sie wird in der Sitzkopfmuffe des Rahmens eingeklemmt. Nach DIN 79100 beträgt die Mindesteinstecktiefe der Sattelstütze 65 mm. Bei neueren Modellen ist eine entsprechende Markierung vorhanden. Zum Einstellen der Sattelhöhe wird die Klemmung an der Sitzkopfmuffe gelöst. Danach stellt man die gewünschte Höhe ein, indem man den Sattel nach links und rechts dreht und ihn zugleich herauszieht oder hineinschiebt.
Sattelstützen gibt es in verschiedenen Längen. Wenn eine längere Stütze eingebaut werden soll, muß vorher mit einem entsprechenden Versuch festgestellt werden, ob sie sich auch weit genug in den Rahmen hineinschieben läßt, was bei einigen Rahmenkonstruktionen auf Schwierigkeiten stoßen kann.

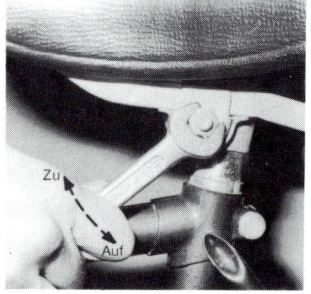

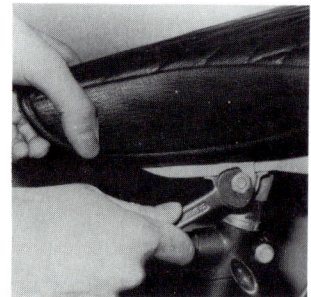

26

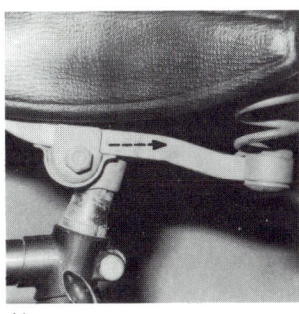

41   42   43

Der Rahmen

Das tragende Teil des Fahrrades wird in den verschiedensten Varianten gebaut, wobei allerdings der Fünfeck- oder Trapezrahmen für Herrenräder seit Jahrzehnten dominiert, was sicher auch künftig so bleiben wird.

Beim **Rahmen** für Damenräder ist – um das Aufsteigen zu erleichtern – das beim Herrenradrahmen durchgehende obere Rohr entfallen. Zur Verbesserung der Stabilität verläuft ein zweites Rohr als oberes Rahmenrohr von der oberen Lenkkopfmuffe aus zum unteren Drittel des Sitzrohres. Trotzdem ist der Damenradrahmen weniger stark belastbar. Für Damen und Herren gleichermaßen ist der Einrohrrahmen für Klapp- oder Zerlegeräder gedacht, dessen Rohr 40 Millimeter stark ist.

Fahrradrahmen werden in einigen abgestuften Größen

41 . . . vom Lenker weg . . .

42 . . . oder zum Lenker hin verstellt werden.

43 Wenn man die Klemmvorrichtung um 180 Grad dreht, kann der Sattel noch weiter vom Lenker weg befestigt werden.

44 Auch an der Sattelstütze darf die Markierung nicht sichtbar werden.

45 Zum Einstellen der Sattelhöhe öffnet man die Klemmung.

46 Klappräder haben dafür Schnellspannhebel.

44   45   46

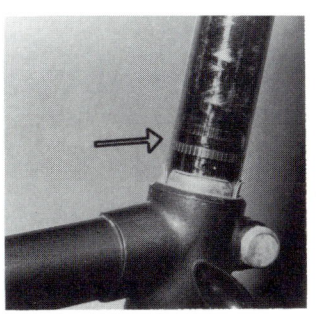

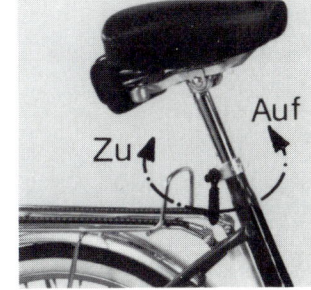

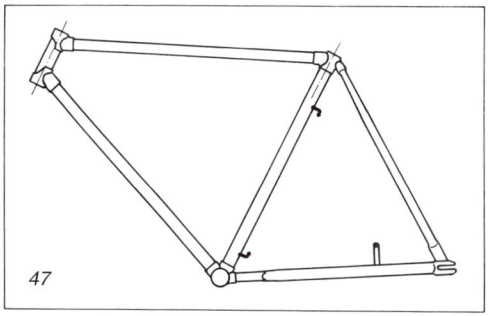

47

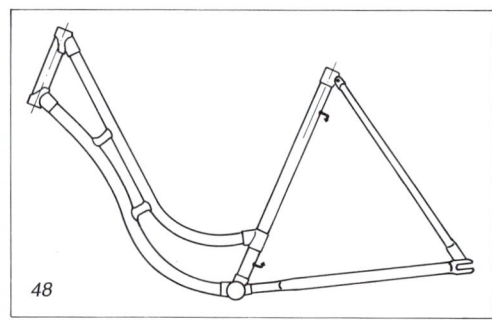

48

47 Der klassische »Fünfeck-
oder Trapezrahmen« für ein Her-
rentourenrad .

48 Der Rahmen eines Damen-
tourenrades.

49 Der »Einrohrrahmen« des
Klapprades.

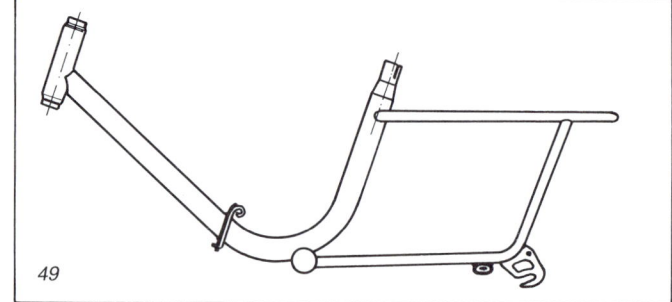

49

50 In die Sitzkopfmuffe des Rahmens wird die Sattelstütze geklemmt.

51 Die Klemmschraube mit Nase
ist im Klemmauge gegen Verdrehen gesichert.

52 Im Tretlagergehäuse ist das
Tretlager eingebaut.

gebaut. Durch die Einstellmöglichkeiten von Lenker (Seite
22) und Sattel (Seite 24) ist ein Anpassen an unterschiedliche Körpermaße möglich. Das Sitzrohr und die Sitzkopfmuffe sind für die Aufnahme der Sattelstütze eingerichtet.
Dabei ist die hintere Seite der Sitzkopfmuffe als Klemmvorrichtung ausgebildet, in deren zwei Klemmaugen eine

50

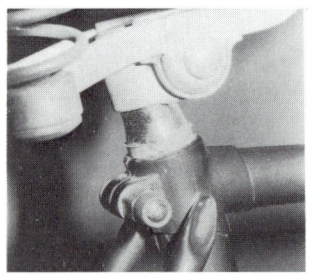

51

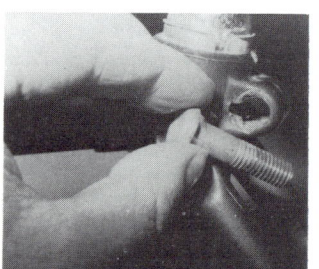

52

28

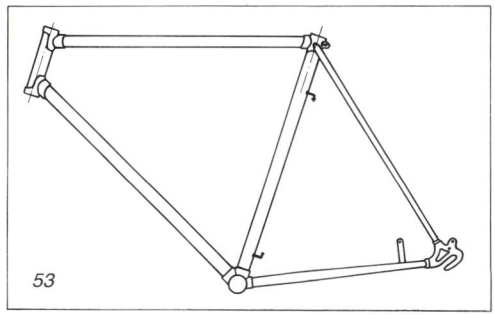

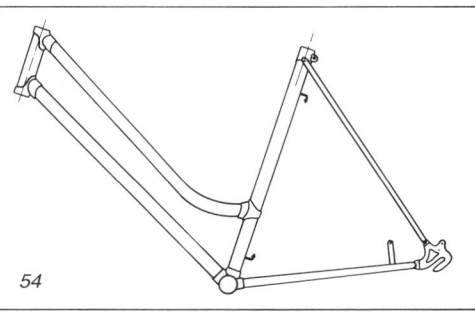

53

54

M8-Schraube steckt. Am Kopf der Schraube ist eine Nase angestaucht, die im linken Klemmauge einrastet. Damit wird die Schraube gegen Verdrehen gesichert, wenn die in Fahrtrichtung rechts aufzudrehende Mutter angezogen wird. Um die Sattelstütze auf der vorgesehenen Höhe zu halten, muß diese Mutter kräftig angezogen werden. Falls die Schraube durch häufiges Lösen und Anziehen ihre Verdrehsicherung – die Nase – verloren hat, sollte eine neue Schraube eingesetzt werden. Dabei richtet sich die Schraubenlänge nach der Breite der Klemmvorrichtung.

Zur Aufnahme der Vordergabel ist vorn am Rahmen das Lenkkopfrohr vorgesehen. Über die obere und untere Lenkkopfmuffe ist dieses Rohr mit dem oberen und unteren Rahmenrohr verbunden. Am Ende des unteren Rahmenrohres befindet sich das Tretlagergehäuse, das gleichfalls mit dem Sitzrohr und den Hintergabelrohren verbunden ist. Das Tretlagergehäuse ist auf das einge-

53 Der Herren-Sportrahmen . . .

54 . . . und der eines Damenrades.

55

56

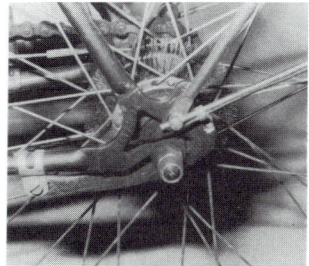

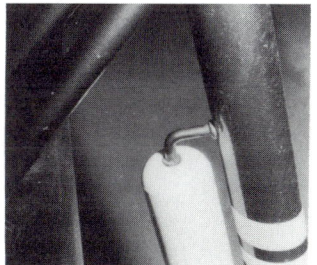

55 Die Ausfallenden am Sportrahmen sind seitlich geriffelt, damit die Nabenachsen sicheren Halt finden.

56 Auch die Luftpumpenhalter sind direkt am Rahmen angebracht.

29

baute Tretlager abgestimmt. Beim Austausch von einzelnen Tretlagerteilen muß das beachtet werden.

Das Ausfallende des dreieckigen Hinterbaus dient zur Aufnahme der Hinterradachse. In den Bildern 47 und 48 sind die Tourenrahmen gezeigt. Die Ausfallenden unterscheiden sich gegenüber denen an Sportrahmen, was sich besonders beim Kettenspannen bemerkbar macht.

Schließlich sind am Rahmen die erforderlichen Ösen für Brems- und Schaltungszüge, Rahmenstegplatten, Halter für Kettenschutz, Luftpumpe und Fahrradschloß angeschweißt.

Die Reparatur eines Fahrradrahmens kann nach einem Unfall, aber auch nach zu hoher Belastung erforderlich werden. Solange der Rahmen verbogen ist und kalt zurückgebogen werden kann, ist noch nicht viel passiert. Beim Richten ist zu beachten, daß keine Beschädigungen – wie beispielsweise Profilveränderungen – entstehen. Durch Erwärmen wird der Rahmen bei schwierigeren Verformungen gerichtet. Mit Spraylack muß dann nachlackiert werden. Beide Arten des Richtens muß ein Fachmann ausführen, weil die nötigen Einrichtungen in keiner Heimwerkstatt vorhanden sein werden. Sobald Rahmenteile aber geknickt, gestaucht oder gebrochen sind, muß der Rahmen ersetzt werden. Die Reparatur durch Teilersatz, durchgeführt vom Fachmann, lohnt heute nicht mehr. Ein geflickter Rahmen ist aber eine unvertretbare Gefahrenquelle. Schweißarbeiten in unmittelbarer Nähe von Muffen müssen unterbleiben, weil die Muffen mittels Hartlötung mit Rahmenrohren verbunden sind.

Einen verbogenen Rahmen meint man beim Fahren zu »fühlen«. Sofern die Felgen keinen Seitenschlag haben, kann zur Prüfung eine gerade Latte unterhalb der unteren Schutzblechenden längs der beiden Reifen angelegt werden. Liegen die Reifen hier nicht plan an, so kann der Fehler im Rahmen und seinem Hinterbau, aber auch in der Vordergabel begründet sein. Der Fachmann muß hier weiterhelfen. Um mit der Latte richtig prüfen zu können, sollten die Schutzbleche besser vorher abgeschraubt werden.

Die Vordergabel

Sie überträgt die Bewegungen des Lenkers auf das Vorderrad. Dazu ist der Lenkerschaft im Gabelschaftrohr geklemmt (Seite 23). An den unteren Enden der Gabel sitzt die Achse des Vorderrades. Die Vordergabel ist im Lenkkopfrohr des Rahmens mit Kugellagern abgestützt, um eine spielfreie und leichte Lenkung zu erhalten.

Vordergabeln sind seit jeher die kritischsten Teile am Rad. Nicht wenige schwere, ja sogar tödliche Unfälle ereigneten sich durch Gabelbrüche. Die moderne Fertigung heutiger Vordergabeln läßt Brüche bei normalem Betrieb jedoch kaum noch auftreten. Anders ist dies bei Unfällen. Deshalb müssen auch schon leicht verbogene Vorderradgabeln durch ausnahmslos neue ersetzt werden! Die einzelnen Fahrradhersteller passen die Vordergabeln dem Radtyp an. Deswegen wird eine defekte Gabel am besten durch ein baugleiches Teil ersetzt. Beim Verwenden anderer Gabeln muß die Baugröße selbstverständlich zur Radgröße passen. Dabei ist die Länge des Gabelschaftrohres an der defekten Gabel abzumessen, um die oberen Lenkungslagerteile aufnehmen und einstellen zu können (siehe Tabelle 2: Vordergabeln).

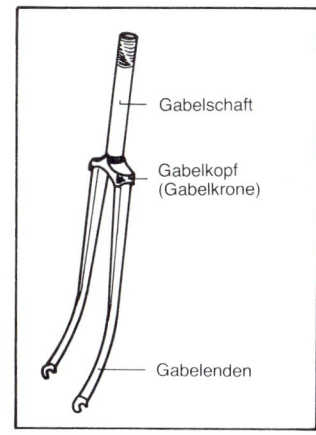

57 Die Vorderradgabel kann nicht repariert werden.

58 In den Ausfallenden der Gabel wird die Vorderradachse gehalten.

Tabelle 2: Vordergabeln (Beispiele)

Radtyp	Größe (Zoll)	l_1 (mm)	l_2 (mm)	b (mm)
Tourenrad	28	80	386	93
Sportrad	26	65	355	93
	28	65	382	93
Rennsportrad	28	45	357	98
Klapprad	20	40	275	93
Jugendrad	24	65	330	93
Kinderrad	18	50	251	81

Im Handel sind Vordergabeln erhältlich, die für mehrere Lenkkopfrohrlängen verwendbar sein sollen. Das Gewinde am Gabelschaft ist deswegen recht lang geschnitten,

59 Die Vordergabel ist im Lenkkopfrohr des Rahmens gelagert.

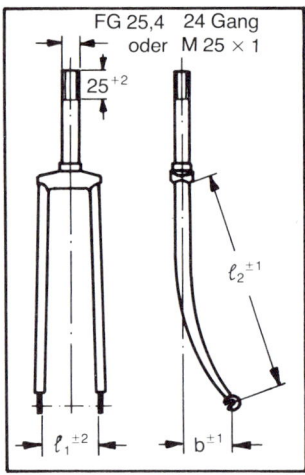

FG 25,4 24 Gang
oder M 25 × 1

25^{+2}

$\ell_2^{\pm1}$

$\ell_1^{\pm2}$

$b^{\pm1}$

60 Diese Maße sind beim Ersatzteilkauf zu beachten.

wobei das Gabelschaftrohr bei Montage abgeschnitten wird. Diese Gabeln sind den Originalteilen in bezug auf Festigkeit und Stabilität immer unterlegen. Wenn eine solche Gabel eingesetzt wird, darf die Lenkerklemmung im Gabelschaftrohr nicht im Bereich des Gabelschaftgewindes angeordnet werden.

Der **Lenkungslagersatz** übernimmt die Lagerung der Vordergabel. Je ein unteres und ein oberes Lenkungslager sind in einem durch die Länge des Lenkkopfrohres vorbestimmten Abstand untergebracht. Die Lager werden Kegel- oder Konuslager genannt. Aufgrund ihrer Bauart können sie spielfrei eingestellt werden, wozu beim Lenkungslagersatz oben ein Gewindekonus vorhanden ist. Eine als Kontermutter dienende Abschlußmutter ist über eine Nasenscheibe oder einen verzahnten Sicherungsring gegen Lösen gesichert. Die Lenkungslagersätze sind der jeweiligen Fahrradversion angepaßt, was beim Ersatzteilkauf zu berücksichtigen ist. Am besten werden die defekten Teile zum Kauf mitgenommen.

Das Auseinandernehmen des Lenkungslagersatzes geht so vor sich: Zunächst wird – wie beschrieben – der Lenker aus dem Gabelschaftrohr ausgebaut, außerdem das Vorderrad aus der Vordergabel (s. S. 23 und 45). Dann entfernt man die Abschlußmutter, die als Sechs- oder Achtkant, aber auch als Rundmutter mit seitlichen Aussparungen für Hakenschlüssel ausgeführt sein kann. Geöffnet wird die Mutter mit einem Gabelschlüssel oder mit Hilfe einer Wasserpumpenzange, wobei man die verchromte Oberfläche der Mutter mit einem Lappen abdeckt, um den Überzug zu schützen. Bei der Rundmutter braucht man einen Hakenschlüssel oder einen Ersatz: Ein Messingstück wird an einer der Aussparungen angesetzt, um mit leichten Hammerschlägen die Mutter zu lösen.

Aufgedreht wird die Mutter entgegen dem Uhrzeigersinn. Sollte das schwierig sein, so kann nachgeholfen werden, indem vorher Rostlöser aufgesprüht wird.

Nach dem Abschrauben der Mutter wird die Nasenscheibe oder der verzahnte Zwischenring herausgenommen, wobei je nach Typ auch noch der Lampenhalter oder der Bremsseilhalter einer Mittelzugbremse eingeklemmt sein kann. Nasenscheibe und Lampenhalter haben eine Nase

32

oder eine gerade Fläche in der runden Bohrung. Auch gibt es flache, gerändelte Rundmuttern anstelle der Nasenscheiben, die als Kontermuttern dienen und mit der Hand abgedreht werden können. Ebenfalls per Hand oder vorsichtig mit der Wasserpumpenzange schraubt man danach den oberen Gewindekonus vom Gewindeteil des Gabelschaftrohres ab. Dabei muß die Gabel in ihrer Lage bleiben und darf nicht nach unten herausrutschen. Denn sonst fallen die lose im unteren Lager sitzenden Kugeln unkontrolliert heraus.

Zum Schluß läßt sich die Vordergabel aus dem Lenkkopfrohr des Rahmens herausziehen. Die Kugeln oder die Kugelkäfige sind die letzten losen Teile, die entnommen werden.

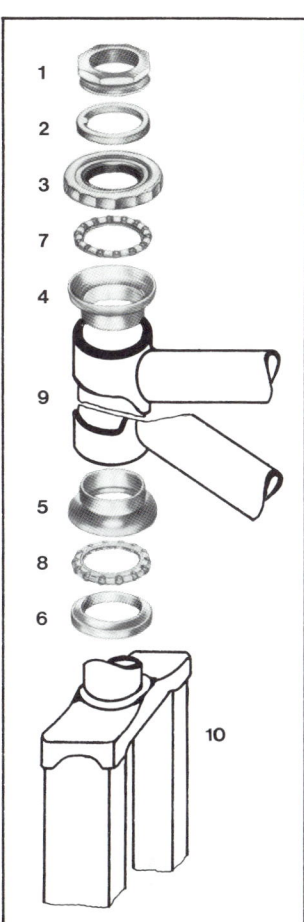

62 Mit einem Gabelschlüssel wird die Gegenmutter gelöst oder geschlossen.

63 Rundmuttern haben Nuten für Hakenschlüssel.

64 Oftmals sind Lampenhalter oder Bremsseilhalter mit im Lenkungslagersatz eingeklemmt.

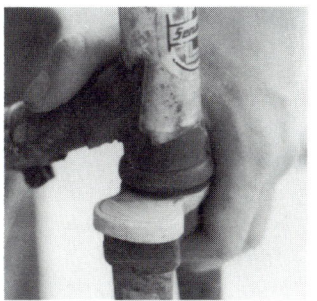

65 Man hält die Gabel fest, damit sie nicht aus dem Lenkkopfrohr herausrutscht.

1 Gegenmutter; 2 Scheibe mit Nase; 3 Gewindekonus; 4 Obere Schale; 5 Untere Schale; 6 Gabelkonus; 7 Kugellagerkäfig; 8 Kugellagerkäfig; 9 Lenkkopfrohr; 10 Vorderradgabel.

61 Der Thun-Lenkungslagersatz lagert die Gabel spielfrei im Lenkkopfrohr des Rahmens.

66 Die Lagerschale wird losge-
schlagen.

67 Der Gabelkonus muß zum Erneuern abgeschlagen werden.

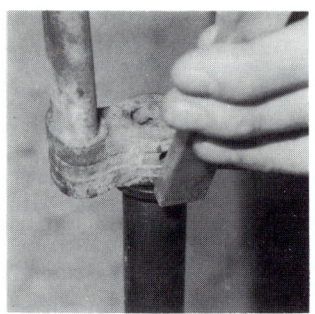

Im **Lenkkopfrohr** sind die oberen und unteren Lagerschalen eingepreßt. Um sie zu demontieren, werden sie mit
leichten Hammerschlägen auf ein Messingstück (notfalls
auch auf einen Schraubendreher) lose geschlagen. Dabei
setzt man jeden Schlag neben den vorherigen und kreist
so schlagend um das Lenkkopfrohr herum. Gelingt das
Lösen auf diese Art nicht, so schlägt man die Lagerschalen mit einem langen Metallprofilstück (notfalls mit einem
Meißel) von innen aus dem Lenkkopfrohr heraus.

Der **Gabelkonus** ist auf dem Gabelschaftrohr aufgepreßt.
Um ihn zu lösen, stellt man die Gabel auf dem Schaft auf
und schlägt den Konus mit leichten Schlägen abwech-
selnd vorne und hinten vom Schaftsitz ab. Aber auch das
Abhebeln mit einem oder zwei Schraubendrehern führt
zum Erfolg.
Beim Zusammenbau der Teile geht man in umgekehrter
Reihenfolge vor. Folgendes ist dabei zu beachten: Der
Gabelkonus muß auf den am Gabelschaft vorgesehenen
Sitz aufgepreßt werden. An gebrauchten Gabeln ist dieser
Sitz zu reinigen, doch darf er in keinem Fall abgeschmir-
gelt oder abgefeilt werden. Der feste Sitz wäre gefährdet.
Als Arbeitshilfe besorgt man sich beim Installateur ein
Stück nahtloses mittelschweres Gewinderohr nach DIN
2440 in der Nennweite 1″. Ein solches Rohr paßt im Innen-
durchmesser über das Gabelschaftrohr, es muß länger
sein als dieses. Mindestens ein Rohrende muß rechtwinklig zur Rohraußenkante geschnitten sein, damit es exakt
auf dem Gabelkonus aufliegt. Mit Schlägen auf das andere Rohrende wird der Konus auf den Sitz aufgetrieben.

68 So treibt man den Gabelkonus auf.

Wenn man den Konus zuvor auf rund 100 Grad anwärmt, geht alles leichter, weil er sich dabei ausdehnt. Allerdings muß man dann aufpassen, daß man sich selbst oder die Umgebung nicht ansengt. Angewärmt wird in heißem Öl, in kochendem Wasser oder auf einer heißen Kochplatte. Den Konus faßt man mit einer Wasserpumpenzange oder mit Asbesthandschuhen an. Ein Nachschlagen mit dem übergesteckten Rohr verbessert aber in jedem Fall die richtige Lage.

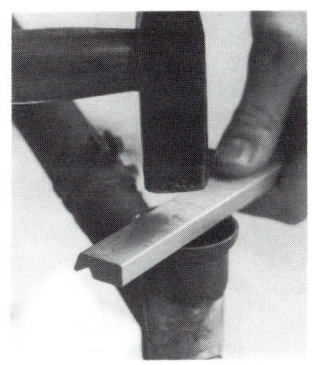

69 Flächig wird die Lagerschale eingetrieben.

Die **Lagerschalen** müssen in das Lenkkopfrohr des Rahmens eingetrieben werden. Dies geschieht nacheinander von oben und unten. Man drückt die Lagerschale von Hand leicht in das Rohr ein, legt ein Stück Messing- oder Aluprofil oder auch ein Hartholzstück plan auf und schlägt die Lagerschale kräftig in das Rohr ein. Der Vorgang ist erst beendet, wenn der Bund der Lagerschale rundum exakt am Lenkkopfrohr anliegt.

Wenn **Kugelkäfige** als Kugellager vorhanden sind, wird der untere über das Gabelschaftrohr gestreift und auf den Gabelkonus aufgesetzt. Der richtige Einbau ist daran zu erkennen, daß der Blechkäfig vom Konus wegzeigt, so daß die Kugeln frei am Konus anliegen können. Ein Versuch mit wechselseitigem Aufstecken macht das anschaulich. Vor dem endgültigen Aufstecken wird der Kugelkäfig reichlich mit Kugellagerfett bestrichen.
Kugelkäfige sind leichter zu montieren als einzelne Kugeln. Der wesentliche Nutzen der Kugelkäfige besteht darin, daß die Kugeln sich nicht gegenseitig berühren können. Dadurch wird die Reibung geringer.
Wenn einzelne Kugeln verwendet werden, füllt man den Sitz der Lagerschale mit Fett und drückt soviele Kugeln ein wie es der Platz erlaubt: Wenn es den Kugeln zu eng wird, nimmt man eine heraus. Ein leichtes Spiel, also ein geringer Abstand muß bleiben. Wie bei den Kugelkäfigen werden auch hier Kugeln mit einem Durchmesser von vier Millimetern verwendet (genau: $^5/_{32}''$, das sind 3,969 mm).
Vorsichtig schiebt man nun das Gabelschaftrohr von unten soweit in das Lenkkopfrohr ein, bis das untere Lager, vom Gabelkonus angedrückt, in der unteren Lagerschale

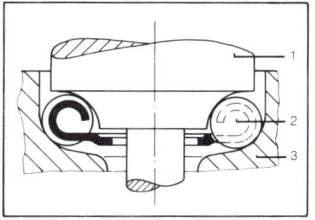

1 = Konus
2 = Kugelkäfig
3 = Lagerschale

70 Nur richtig eingelegte Kugelkäfige können leicht laufen.

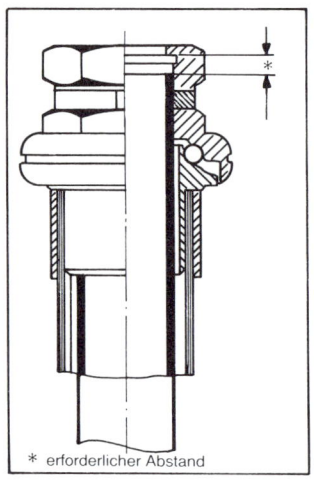

* erforderlicher Abstand

71 Zwischen dem Ende des Gabelschaftrohres und dem inneren Bund der Abschluß- oder Gegenmutter muß etwas Luft bleiben.

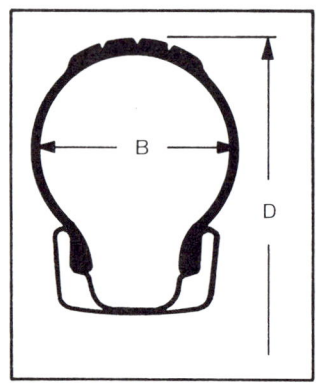

B = Breite des aufgepumpten Reifens
D = Reifenaußendurchmesser

72 Die Zoll-Maße unserer Räder sind eingebürgert. Sie resultieren aus diesen beiden Maßen.

anliegt. Während man die Gabel dort festhält, wird der obere Kugellagerkäfig aufgesteckt, oder die Einzelkugeln werden eingefüllt. Auch hier darf das Kugellagerfett nicht fehlen. Sobald der Gewindekonus aufgeschraubt ist und am Kugellager anliegt, kann die Gabel nicht mehr nach unten entweichen.

Jetzt wird die Nasenscheibe oder der verzahnte Zwischenring aufgesteckt, oder aber die flache, gerändelte Mutter wird aufgedreht. Danach steckt man den Lampen- oder Bremsseilhalter – so vorhanden – auf und dreht die Abschlußmutter zu. Dabei muß kontrolliert werden, ob zwischen der Stirnfläche des Gabelschaftrohres und dem inneren Bund der Abschlußmutter noch etwas Luft ist. Nur so ist sicher, daß die Lager nicht lose bleiben. Notfalls sägt man das Gabelschaftrohr mit einer Metallsäge zurecht, nachdem man es ausgebaut hat.

Konuslager. Besonders sorgfältig müssen die Konuslager eingestellt werden. Zuwenig Spiel ist genauso schädlich wie zuviel. Zunächst wird der Gewindekonus soweit in Richtung der Lagerung angedreht, daß kein Spiel mehr zu erkennen ist. Dann zieht man die Abschlußmutter leicht gegen den Konus an und dreht den Konus wieder zurück, bis er locker sitzt. Nach dem Festziehen der Abschlußmutter gegen den Konus sollte die Lagereinstellung optimal sein. Ist die Einstellung zu stramm, so löst man die Abschlußmutter nochmals leicht, öffnet den Konus ein paar Grad weiter und zieht die Mutter wieder fest. Wenn ein verzahnter Zwischenring oder die flache gerändelte Mutter anstelle einer Nasenscheibe verwendet wird, muß der Konus beim Anziehen der Abschlußmutter gegen Verdrehen gehalten werden. Dies geschieht je nach Ausführung mit einem großen Gabelschlüssel oder mit einer Wasserpumpenzange, wobei wieder ein Lappen die Oberfläche schützt.

Felgen und Speichen

Felgen. Zu den verschiedenen Größen der Reifen gibt es natürlich auch die entsprechenden Felgen. An den Felgenböden sind – ohne die Reifen zu verletzen – die Spei-

36

chen eingeschraubt. Sie werden auf Zug beansprucht, wenn sie exakt mit den Radnaben verbunden sind.

Das Zoll-Maß bei Felgen und Reifen hat sich bis heute gehalten, obgleich in DIN 7815 Teil 1 und von der Europäischen Technischen Reifen- und Tiefbettfelgen-Organisation (ETRTO) andere Maßeinheiten festgelegt wurden.

Die **Reifen** lassen also auf die Felgen schließen. An ihren Seiten sind Bezeichnungen zu lesen wie $26 \times 1,75 \times 2$. Die erste Zahl – 26 – bezeichnet den Außendurchmesser, den der aufgepumpte Reifen hat, und zwar in Zoll. Ein Zoll entspricht 25,4 Millimetern. Die zweite Zahl – 1,75 – ist nicht bei allen Reifengrößen vorhanden, sie hat für uns keine besondere Bedeutung. Die Hersteller sagen damit nur etwas über den Reifensitz in der Felge aus. Die letzte Zahl, die also an zweiter oder dritter Stelle steht, nennt die Breite »B«, die auch zugleich die Höhe »H« im aufgepumpten Reifen darstellt. Im genannten Beispiel betragen der Reifenaußendurchmesser 660,4 mm und die innere Breite und Höhe des Reifens 50,8 mm.

Neuere Reifen tragen meist auch die neue Bezeichnung und die alten Werte in Klammern. Beispielsweise zeigt ein Sportrad die Werte 47-559 ($26 \times 1,75 \times 2$). Die Werte in Klammern sind oben aufgeschlüsselt. Nach DIN und ETRTO gelten die erstplazierten Werte. Dabei nennt die erste Zahl »47« die Innenbreite der Felge und die Zahl »559« den Sitzdurchmesser des Reifens auf der Felge, beide gemessen in mm.

Die Felge hat eine lange Vergangenheit. Die heute gültige europäische Standardfelge wird als Tiefbettfelge in Ka-

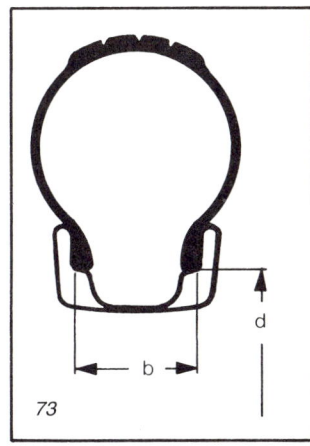

73

b = Felgeninnenbreite
d = Sitzdurchmesser

73 Nach Norm aber gelten neue Werte, die sich von diesen Maßen ableiten.

74 Die Tiefbettfelge in Kastenform ist europäischer Standard.

75 Die seitlichen Riefen verbessern die Wirkung der Felgenbremse.

76 In Großbritannien und Holland ist das Westwood-Felgenprofil verbreitet.

74

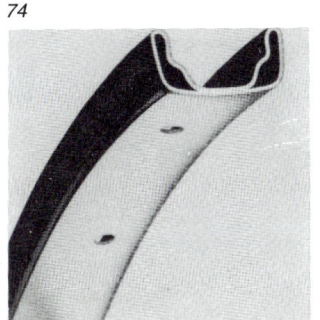

75

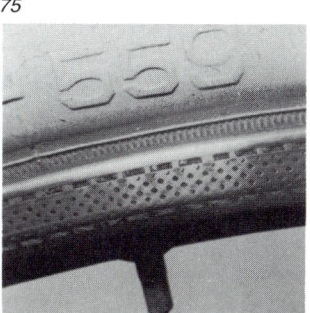

76

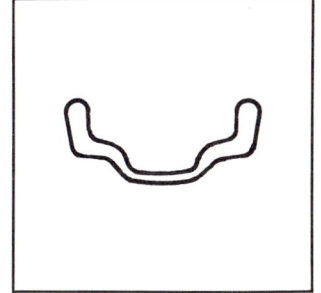

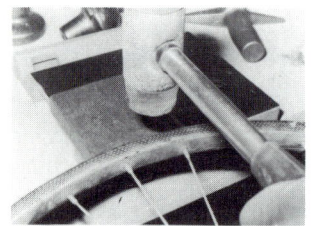

77 Beulen im Felgenprofil können nur bedingt gerichtet werden.

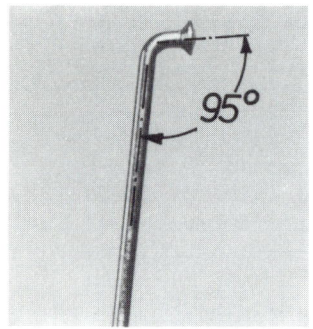

78 Der Speichenkopf steht im Winkel von etwa 95 Grad zur Speichenachse.

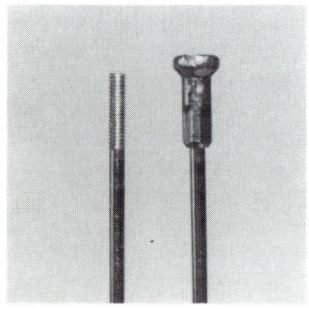

79 Auf das Speichengewinde wird ein Speichennippel aufgeschraubt.

stenform bezeichnet. Die Felgenwände haben breite Reibflächen für die Bremsbacken von Felgenbremsen, deren Zangengriff noch wirksamer wird, wenn in die Seitenwände Riefen in verschiedenen Mustern eingekerbt sind.

Vorwiegend in Großbritannien und Holland dominiert dagegen das Westwood-Felgenprofil, das gerundete Felgenränder und einen halbkreisähnlichen Felgenboden besitzt. Die Verwendung einer Felgenbremse scheidet hierbei aus. Deswegen haben diese Räder Rücktritt- oder Trommelbremsen.

In den **Felgenböden** sind die Speichenlöcher eingestanzt. Sie messen 4,4 mm im Durchmesser und sind von der Felgenmitte aus wechselseitig nach links und rechts außen versetzt angebracht. Beim Felgenkauf muß darauf geachtet werden, daß die Anzahl der Speichenlöcher in der Felge und in der Nabe übereinstimmt. In Deutschland haben 26"- und 28"-Felgen normalerweise 36 Speichen. Räder aus Großbritannien haben dagegen meist 32 Speichen am Vorder- und 40 Speichen am Hinterrad. Kleinere Felgen sind naturgemäß mit weniger Speichen bestückt. Auch hier muß die Nabe die gleiche Lochanzahl aufweisen.

Die Felgen haben üblicherweise Ventillöcher mit einem Durchmesser von 8,3 mm. Bei Rennsporträdern gibt es auch Ventillöcher mit 6,2 mm Durchmesser. Dann sind Sclaverand-Hochdruckventile eingesetzt.

Verchromter Bandstahl ist häufig das Material, aus dem die Felgen hergestellt werden. Rennsporträder, aber auch andere Leichträder, haben Aluminiumfelgen. Weil Luftverschmutzung und Streusalz als Verursacher von Korrosion auch vor Fahrradfelgen nicht halt machen, gewinnt rostfreier Edelstahl als Ausgangsmaterial einen wachsenden Marktanteil. Die polierte Stahloberfläche ist schwach gelblich, und zwar auf Dauer. Dagegen behalten verchromte Felgen auch bei guter Pflege nicht immer ihren Glanz. Den rostfreien Stahl sollte man daher beim Ersatz vorziehen.

Eine beschädigte Felge läßt sich nur selten reparieren. Bestenfalls kann man kleine Verformungen »ausbügeln«. Dabei ist zwischen »Durchschlägen« als Folge zu niedrigen Reifenluftdrucks und Verbiegungen im Felgenprofil zu unterscheiden. Bei Durchschlagbeulen wird das Rad aus dem Rahmen genommen. Danach werden Deckmantel, Schlauch und Felgenband entfernt. Eine geeignete Unterlage, im Bild das »Bilstein Vario-Werker System 200«, aber auch ein im Schraubstock eingespanntes Flacheisen oder ein Hammer unterstützen die Felgeninnenseite. Mit leichten, gezielten Schlägen versucht man, die Beule herauszuschlagen. Um eine leichte Verbiegung im Felgenprofil zu beseitigen, kann man versuchen, die Speichenspannung zu verändern (Seite 43). Gelingt das nicht, so muß die Felge entspeicht und danach gerichtet werden. Bis zum Kauf einer neuen Felge ist es dann aber nicht mehr weit.

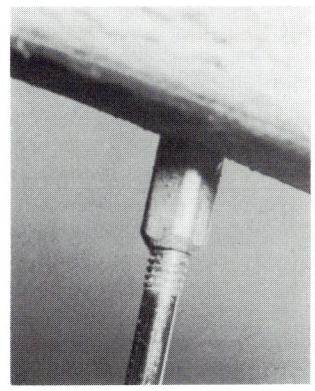

80 Wenn das Gewinde hier sichtbar bleibt, ist die Speiche zu kurz.

Die **Speichen,** die Felge und Nabe verbinden, gehen in Richtung einer Tangente von der Nabe aus und sind ständig mehr oder weniger auf Zug beansprucht. Darum genügen für die Standardausführung Drahtspeichen mit einem Durchmesser von zwei Millimetern. Bei Kinderrädern oder Rollern gibt es Speichen mit 1,8 Millimetern Durchmesser. Tandem- und Shoppingräder werden dagegen wegen der höheren Belastung von Speichen mit 2,34 oder 2,63 Millimetern Durchmesser getragen.

Zum Schutz der Oberfläche sind die Speichen meist verzinkt oder mit Zink und Chrom beschichtet, aber auch hell oder schwarz verchromt. Es gibt auch rostfreie Speichen aus Stahl zu kaufen, die Umwelteinflüssen dauerhaft widerstehen.

Ein Speichenende ist im Winkel von 95 Grad gebogen und trägt einen angestauchten Kopf. Das andere Ende hat ein Gewinde. Von diesem Ende aus werden die Speichen durch die Löcher an den Naben gesteckt und durchgezogen. Das Ende des Gewindes reicht dann bis zum Felgenboden, wo ein Speichennippel eingesetzt wird, der das entsprechende Innengewinde hat.

Beim Kauf von Ersatzspeichen muß darauf geachtet werden, daß die Länge stimmt und der Nippel paßt. Wenn das Gewinde der Speiche unterhalb des Nippels noch zu sehen ist, dann hat man eine zu kurze Speiche gekauft. Ist sie aber zu lang, so durchstößt das Ende mit seinem Gewinde das Felgenband und den Luftschlauch. Am besten

81 Eine zu lange Speiche steht über und zerstört so den Schlauch.

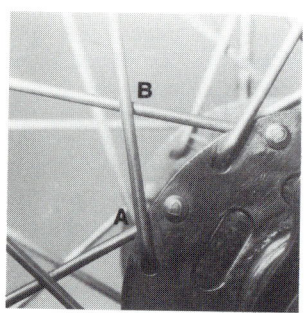

82 Nacheinander von außen und innen werden die Speichen durch die Löcher im Nabenflansch gesteckt. A und B sind Speichenkreuzungspunkte.

ist es, zum Vergleich eine Speiche mitzunehmen. Am selben Rad sind die Speichen meist auch gleich lang. Bei manchen Naben, beispielsweise solchen mit Trommelbremsen oder Dynamonaben, können die Speichen einer Radseite länger als die der anderen sein. Darauf sollte vorher geachtet werden – übrigens auch auf die Auswahl der Speichennippel, bei denen es vier verschiedene Ausführungen gibt.

Fehlende, geknickte oder gebrochene Speichen werden ersetzt, nachdem Deckmantel, Schlauch und Felgenband abgenommen wurden. Dann wird die passende Speiche in die freien Bohrungen eingesetzt. Schwieriger ist es, eine ganze Felge mit neuen Speichen auszurüsten. Das geht nicht ohne Übung.

Die Fahrradindustrie arbeitet mit zwei verschiedenen »Spannsystemen«. Dabei soll vorerst nur eine Felgenseite mit ihren 18 Speichen betrachtet werden. Serienmäßig 28"- und 26"-Räder haben die Dreifachkreuzung: Zwei in den Nabenlöchern nebeneinander eingezogene Speichen werden nacheinander mit ihrem Kopf nach innen und nach außen zeigend plaziert.

Diese beiden Speichen kreuzen sich zum erstenmal bei »A«. Auf ihrem Weg zum richtigen Loch in der Felge kreuzt die erste Speiche noch weitere zwei Speichen, und zwar die vierte bei »B« und die sechste bei »C«. Zwischen beiden Speichen verbleiben bei der Dreifachkreuzung vier Felgenlöcher (die Nummern 15 bis 18).

Die **Zweifachkreuzung,** bei der zwei benachbarte Speichen nur zwei Felgenlöcher überspringen, ist seltener. Vornehmlich an kleineren Felgen, aber auch bei Naben mit größeren Lochkreisdurchmessern, wie beispielsweise bei Bremstrommelnaben, wird diese Kreuzungsart angewandt.

Das Einspeichen soll nun an einer 28"-Felge mit **Dreifachkreuzung** beschrieben werden: Die Löcher in den Nabenkränzen sind abwechselnd von außen und von innen angesenkt. Die erste Speiche wird von außen in ein (ebenfalls von außen) angesenktes Nabenkranzloch gesteckt und in ein Loch der Felge eingezogen. Weil diese Speiche innerhalb des Nabenkranzes verläuft, wird sie zur »Innenspeiche«. Auf sie wird sofort ein Speichennippel

40

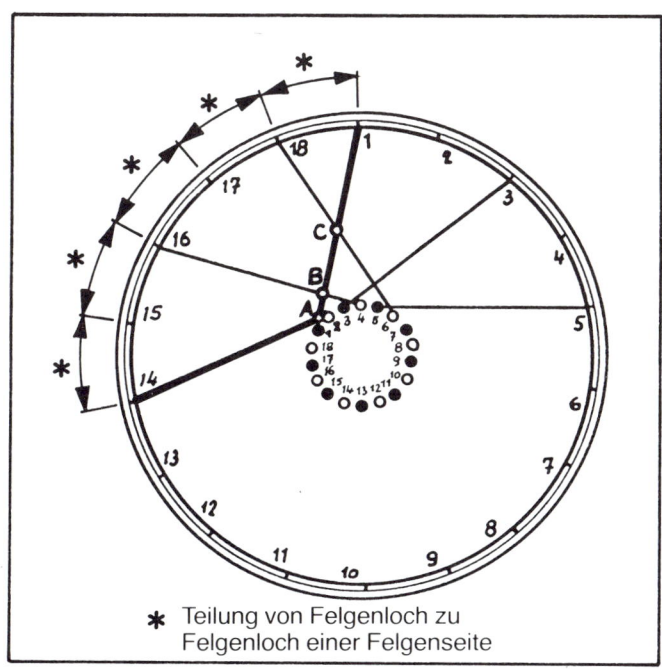

83 Dreimal kreuzt jede Speiche, bei A-B und C. Das ist das System der »Dreifachkreuzung«.

＊ Teilung von Felgenloch zu Felgenloch einer Felgenseite

84 Der Fortschritt beim Einspeichen einer Felge.

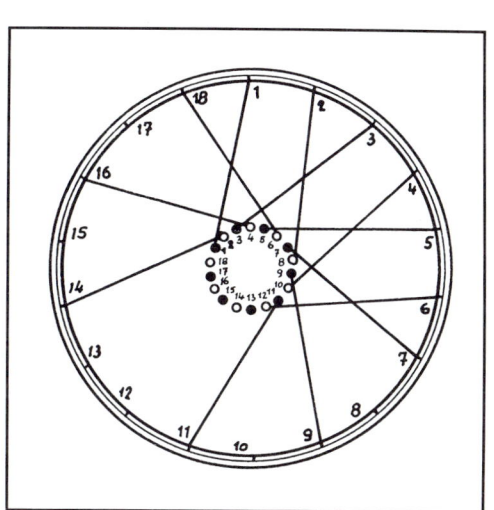

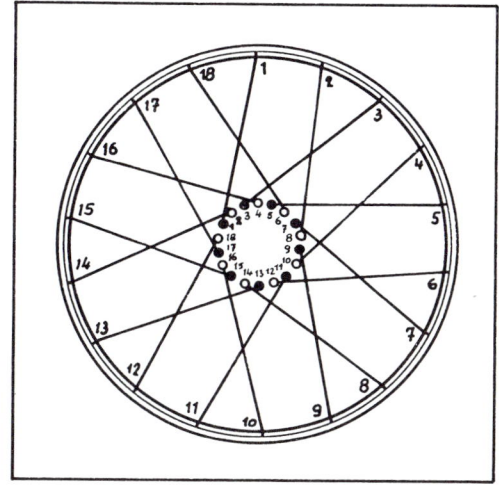

von Hand so weit aufgedreht, daß er – ohne weiter zu hindern – nicht mehr abfallen kann. Ein Nabenkranzloch weiter fädelt man die nächste Speiche von der Nabenkranzinnenseite aus in das von innen angesenkte Loch ein. Sechs Felgenlöcher der gleichen Felgenseite weiter wird diese Speiche durchgesteckt und mit einem Felgennippel gesichert.

Unwichtig ist, ob man sich im Uhrzeigersinn oder in der Gegenrichtung vorarbeitet. Nur sollte die einmal gewählte Richtung beibehalten werden. Im Beispiel wurde die geläufige Richtung des Uhrzeigers gewählt. Eine Speiche

Tabelle 3: Felgeneinspeichen (Vorderseite)

Das Einspeichen der Felgenvorderseite (A = Außen-, I = Innenspeiche)			
Nabenloch-Nr.	Felgenloch-Nr.	A	I
1	1		●
2	14	●	
3	3		●
4	16	●	
5	5		●
6	18	●	
7	7		●
8	2	●	
9	9		●
10	4	●	
11	11		●
12	6	●	
13	13		●
14	8	●	
15	15		●
16	10	●	
17	17		●
18	12	●	

nach der anderen wird abwechselnd von innen und von außen – hier mit I und A bezeichnet – durch die Nabenkranzlöcher gezogen und mit Speichennippeln an der Felge befestigt. Mit dem Prinzip der Dreifachkreuzung sind die richtigen Felgenlöcher vorbestimmt (Tabelle 3: Felgeneinspeichen – Vorderseite). Wenn eine Seite fertig ist, wird das Rad gewendet, und das Einziehen geht auf der anderen Seite in gleicher Weise weiter. Die Löcher in diesem Nabenkranz liegen genau zwischen denen im Nabenkranz auf der fertigen Seite. Man muß darauf achten, daß die unterkreuzten Speichen eingezogen sind, bevor der Reihenfolge nach die erstgenannten Speichen in den Felgenlöchern befestigt werden. Die Tabelle beschreibt diesen Vorgang. Ein Beispiel dazu: Die Speiche im Nabenloch 1 wird von der Speiche unterkreuzt, die von Nabenloch 4 zu Felgenloch 16 führt. Folgerichtig wird zuerst die Speiche aus Nabenloch 4 eingezogen, damit sie nicht später unter die Speiche aus Nabenloch 1 gebogen werden muß (Tabelle 4: Felgenrückseite bespeichen).

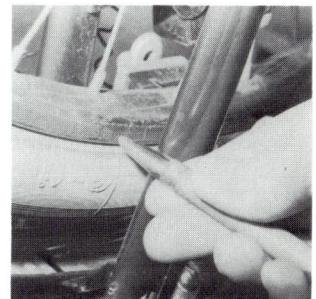

85 So wird die Felge auf »Schlag« geprüft.

Sobald auf diese Weise alle Speichen eingezogen sind, wird mit dem Speichenspannen begonnen. Zuerst werden alle Speichennippel nacheinander soweit angezogen, daß unterhalb der Nippel an den Speichen noch 2 mm Gewindelänge sichtbar bleiben. Nun stellt man das Fahrrad auf Sattel und Lenker, montiert das eingespeichte Rad und überprüft den Rundlauf. Dazu dreht man das Rad und hält einen Bleistift oder ein Stück Kreide, gestützt auf die Gabel, an die Felge. Auslenkungen werden so angezeichnet. Nehmen wir aber zuerst an, daß die Felge noch rund läuft. Dann wird jeder Speichennippel mit einem Speichenschlüssel nacheinander um eine Umdrehung weiter gespannt. Dann schlägt man die Speichen nacheinander mit einem Metallstück an. Wenn der Ton ungefähr gleich hoch ist, sind auch die Speichen gleichmäßig gespannnt. Tiefere Töne zeigen eine geringere Spannung an. Dann muß nachgespannt werden.

Wenn die Felge Auslenkungen zeigt, also »schlägt«, muß versucht werden, sie zu richten. Dazu werden zwei Speichennippel um eine halbe Umdrehung angezogen, und zwar diejenigen, die dem Punkt des höchsten Ausschlags genau gegenüberliegen. Danach überprüft man den Lauf erneut. Das Prinzip besteht also darin, daß stets auf der

86 Mit dem Speichenschlüssel werden die Speichen nachgespannt.

43

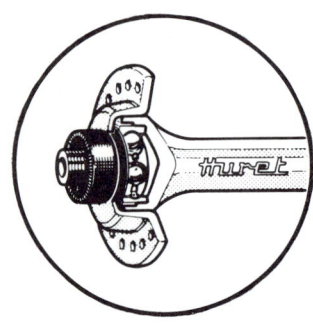

87 Die Niederflanschnabe ...

Tabelle 4: Felgenrückseite bespeichen

Nabenloch-Nr.	unterkreuzen aus Nabenloch-Nr.	einfädeln in Felgenloch-Nr.
1		
	4	16
1		1
2		
	15	15
2		14
3		
	6	18
3		3
5		
	8	2
5		5
7		
	10	4
7		7
9		
	12	6
9		9
11		
	14	8
11		11
13		
	16	10
13		13
15		
	18	12
15		15

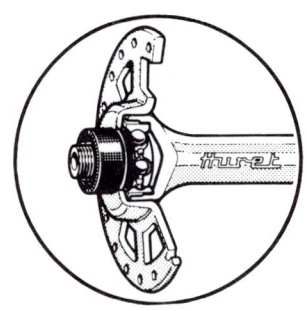

88 ... und die Hochflanschnabe.

Felgenseite angespannt wird, die dem Schlag entgegengesetzt ist. Umgekehrt kann auch auf der schlagenden Seite entspannt werden. Mit etwas Geduld gelingt das auch.

Über die Radnabe

Zentrale Punkte in den Vorder- wie Hinterrädern sind die Radnaben. Um die stillstehende, an den Gabelenden geklemmte Achse rotiert der Nabenkörper. Er ist mit zwei Flanschen versehen, in deren Bohrungen die Speichenkopfenden ruhen. Man unterscheidet zwischen Nieder- und Hochflanschnaben, die ihrerseits aus Stahl- oder Alu-Legierungen gefertigt sind. Natürlich muß die Nabe in montiertem Zustand zwischen die Gabel- oder Rahmenenden passen und genausoviel Speichenlöcher haben wie die entsprechende Felge.

Daraus folgt bereits, daß beim Kauf von Ersatznaben einiges beachtet werden muß. So kennt der Markt die massive Achse und die Hohlachse. In der massiven Ausführung dient die Achse direkt zum Einklemmen des Rades in den Gabel- oder Rahmenenden. Zu diesem Zweck wird auf beide Achsenenden je eine Mutter, Hutmutter oder Flügelmutter aufgeschraubt, die gegen die Gabel- oder Rahmenenden drücken. Dadurch entsteht ein Druck gegen die Kontermuttern, die ihrerseits über je einen Zwischenring auf die aufgeschraubten Kugellagerkonen drücken. Um das Rad ausbauen zu können, müssen die beiden äußeren Muttern gelöst werden.

Die Hohlachsen dagegen erlauben das sekundenschnelle Ausbauen des Rades. Dies wird möglich, weil die Hohlachse zwar zur Lagerung der Nabe, nicht aber zur Befestigung an den Gabel- oder Rahmenenden dient. Stattdessen übernimmt ein Schnellspanner das sichere Klemmen des Vorderrades.

Das **Einstellen der Radnabe** kann aus unterschiedlichen Gründen notwendig werden: So lösen sich die Konuslager, oder sie verschleißen. Nur exakt eingestellte Lager haben eine lange Lebensdauer. Deshalb ist von Zeit zu Zeit eine Kontrolle auf Leichtlauf des Rades erforderlich,

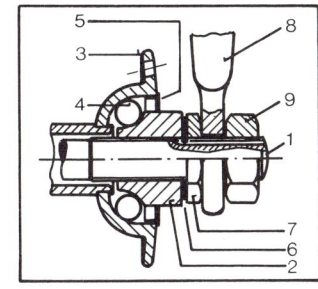

1 = Achse
2 = Konus
3 = Nabenkörper
4 = Kugel
5 = Staubdichtring
6 = Sicherungsscheibe
7 = Kontermutter
8 = Gabelende
9 = Radmutter

89 Die massive Achse und ihre Klemmung.

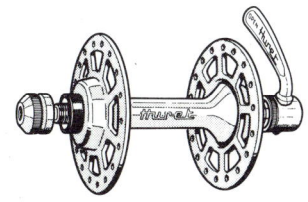

90 Mit dem Schnellspanner in einer hohlen Achse läßt sich das Rad sekundenschnell ausbauen.

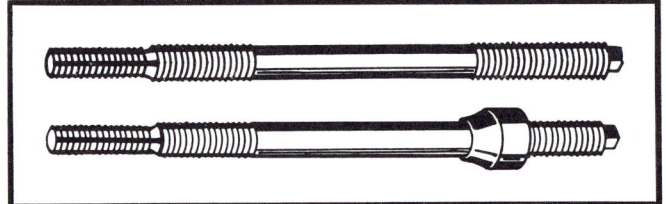

91 Es gibt Achsen für zwei Ko-
nen und solche, die einen festen
Konus haben.

wobei das Rad weder wackeln, noch knacken sollte. Wakkeln wird mit Nachstellen behoben, ein Knacken zeigt, daß die Lagerung überholt werden muß.

Um das Rad ausbauen zu können, stellt man das Fahrrad auf Sattel und Lenker und löst beiderseits die äußeren Muttern oder zieht den Schnellspanner aus der Hohlachse. Nach dem Entspannen der Felgenbremse wird das Vorderrad aus der Gabel herausgezogen. Beim Hinterrad sind meistens noch einige Griffe an Kette und Schaltung erforderlich, die noch beschrieben werden.

Die meisten Achsen haben aufgeschraubte Konen auf beiden Seiten. Vereinzelt aber sind Achsen mit nur einem aufgeschraubten Konus versehen. Auf der gegenüberliegenden Seite ist der Konus dann fest mit der Achse verbunden. Um das Lagerspiel einzustellen, reicht es durchweg aus, von einer Seite heranzugehen. Aufgeschraubte Konen haben zwei gegenüberliegende Abflachungen, an denen ein flacher Gabelschlüssel – der Konusschlüssel – angesetzt wird. Mit einem zweiten Schlüssel löst man die sechskantige Kontermutter. Nun wird der Konus angezogen, bis das Rad nur noch schwer auf den Konuslagern dreht. Danach dreht man die Kontermutter zum Konus hin gut an, zieht aber nicht fest. Dreht man nun den Konus wieder lose, zur Kontermutter hin, so wird das Rad leicht laufen, ohne daß Spiel im Lager entsteht. Zuletzt wird die Kontermutter fest gegen den Konus gezogen. Bei allen diesen Arbeiten wird mit dem jeweils zweiten Schlüssel der Konus oder die Kontermutter gegen Verdrehen gehalten.

Das Überholen der Nabe macht etwas mehr Arbeit. Man legt das Rad flach auf ein Tuch. Durch Abschrauben der Kontermuttern lassen sich die Zwischenringe vor den Konen abziehen. Danach schraubt man den oberen Konus

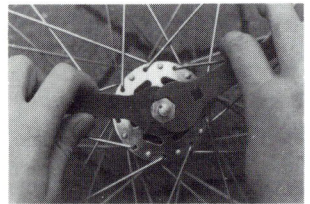

92 Mit zwei Schlüsseln wird an
Konen gearbeitet.

46

ab und zieht die Achse von unten aus der Nabe heraus. Sofern Staubschutzdeckel vorhanden sind, hebelt man sie mit einem Schraubendreher vorsichtig heraus. Nun werden die Kugeln entnommen, mit einem Lappen gereinigt und sicher deponiert. Dann reinigt man die Lagerschalen und die Konen. Ein wenig Petroleum oder auch Benzin lösen das angetrocknete Fett-Schmutzgemisch. Die Teile werden mit einem Lappen sauber geputzt und getrocknet.

In den Lagerschalen und auf den Konen haben die Kugeln einen glänzenden ringförmigen Abdruck hinterlassen. Sobald sich hier Unebenheiten oder Unterbrechungen zeigen, sind die Teile zu ersetzen. Dabei lohnt es sich, auch gleich neue Kugeln zu kaufen. Es gibt Naben mit festen und mit austauschbaren Lagerschalen. Die austauschbaren Teile sind überwiegend bei Leichtmetall-Nabenkörpern eingebaut. Je nach Verschleiß müssen demnach die Lagerschalen ersetzt werden oder aber der Nabenkörper. Das bedeutet zugleich: neue Speichen einziehen.

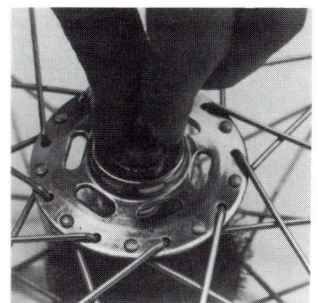

93 Hier wird der richtige Sitz der Kugeln überprüft.

Zum **Zusammenbau der Radnabe** streicht man Kugellagerfett in eine Lagerschale und legt die Kugeln ringsum ein. Es werden soviele Kugeln eingelegt, daß die Lagerschale ringförmig ausgefüllt ist. Mit einem Konus, den man von Hand aufsteckt, kann der richtige Sitz der Kugeln in der Lagerschale geprüft werden. Wenn die Kugeln sich behindern, muß eine herausgenommen werden. Bei Naben, die mit Kugelkäfigen gefüllt werden, zeigt der Käfig mit seiner offenen Seite zur Lagerschale hin. Die ringförmig geschlossene Käfigseite zeigt demnach in Richtung Konus.

Sind die Kugeln oder der Kugelkäfig eingelegt, wird der Achse ein Konus aufgeschraubt. Von der mit Kugeln gefüllten Lagerschalenseite aus steckt man die Achse in die Nabe und schiebt sie bis zur Anlage des Konus an den Kugeln durch. Wenn man anschließend das Rad umdreht, muß das freie Ende der Achsen festgehalten werden, damit es nicht zurückrutschen kann. Das Rad wird dann auf das andere Ende der Achse aufgelegt. Jetzt wird die zweite Lagerschale gefettet und mit Kugeln gefüllt. Der Konus wird auch hier aufgeschraubt. Nach dem Aufstecken der Zwischenringe und dem Aufschrauben der Kontermuttern werden die Konuslager in der beschriebenen Weise eingestellt (s. S. 45).

94 Das freie Achsende wird nun mit einem Konus versehen.

Flügelmuttern an massiven Achsen brechen leicht ab und sind zudem aus Sicherheitsgründen abzulehnen. Beim Ersatzkauf sollten deswegen nur einfache Muttern oder Hutmuttern beschafft werden. An Hohlspannachsen dagegen wird das Einstellen des Schnellspanners erforderlich. Dazu öffnet man den Spannhebel und dreht die am anderen Achsenende aufgeschraubte Flügelmutter leicht an Rahmen oder Gabel an. Nach dem Schließen des Spannhebels muß das Rad fest eingespannt sein. Andernfalls wird die Flügelmutter bei geöffnetem Spannhebel noch weiter zugedreht.

Die Hinterradnabe

Über die zuvor beschriebene Funktion hinaus ist die Hinterradnabe Teil des Antriebes. Es gibt sie mit Rücktritt und Freilauf oder nur mit Leerlauf, mit Einfach- oder Mehrfachzahnkränzen oder als schaltbare Getriebenaben. Durch die Kombination schaltbarer Getriebenaben mit Mehrfachzahnkränzen entstehen Übersetzungsstufen, die weit über die bekannten Zehngangschaltungen hinausgehen können.

Zum Einstellen oder Reparieren der Antriebsteile am Hinterrad muß das Rad aus dem Rahmen ausgebaut werden. Der unterschiedlichen Antriebsarten wegen müssen sie im einzelnen beschrieben werden. Dennoch kann hier nur ein Überblick gegeben werden, weil die Naben- und Antriebsbauteile der jeweiligen Hersteller unterschiedlich sein können.

Bei **Eingang- und Mehrgangnaben** mit Rücktrittbremse wird der Bremshebel von der Rohrschelle getrennt. Dazu löst man die Schraubverbindung. Nun werden die Radmuttern gelöst oder auch ganz abgeschraubt. Bei älteren Rädern sind unter den Radmuttern oftmals noch Gepäckträgerstützen oder Mantelschonerhalter geklemmt, die von der Achse abgenommen werden müssen. Bei Tourenrädern sind zusätzlich die Kettenspanner zu lösen und zu entfernen. Sofern das Rad einen geschlossenen Kettenschutz besitzt, muß er geöffnet werden (Seite 89).

Bei Mehrgangnaben muß der Schaltungszug mit seiner Einstellhülse von der Zugstange des Zugkettchens ge-

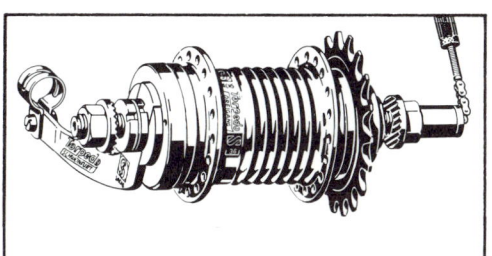

trennt werden (Seite 64). Dann schiebt man das Hinterrad in Richtung Tretlager. Bei Rahmen von Sporträdern läßt sich das Rad auf diese Weise aus den Ausfallenden schieben. Danach hebt man die Kette vom Kettenritzel ab und zieht das Rad mit der Achse aus dem Kettenbereich heraus. Die Kette bleibt danach auf dem Rahmen hängen. Bei Tourenradrahmen wird die Kette zuerst vom Kettenrad am Tretlager abgehoben. Danach zieht man das Rad aus den Schlitzen im Rahmen nach hinten heraus.

Wenn die **Nabenlagerung** wackelt oder das Rad schwer dreht, muß die Lagerung eingestellt oder überholt werden. Das Lagerspiel wird von der Bremshebelseite aus eingestellt. Zuvor löst man die Sicherungsmutter mit einem Hakenschlüssel (Torpedoschlüssel), wobei mit einem zweiten Schlüssel gegengehalten werden muß. In Bild 98 ist der Schlüssel an der zweiten Mutter angesetzt, mit der das Spiel eingestellt wird. Zwischen beiden Muttern liegt eine Nasenscheibe, gegen die man beide Gewinde kontert. Bei anderen Konstruktionen verdreht man den Bremshebel in bezug auf die Achse, sobald die Sicherungsmutter gelöst ist. Dabei endet die Achse an der Ritzelseite vielfach mit einem Vierkantzapfen. Dort setzt man einen Schlüssel an, damit der Bremshebel die Achse nicht mitverdreht. Sollte dieses Ende aber rund sein, so hält man den Konus auf der Seite des Ritzels mit einem Konusschlüssel oder einer Wasserpumpenzange fest. Man dreht soweit nach rechts, daß die Achse nur noch schwer läuft. Jetzt dreht man die Sicherungsmutter an den Bremshebel an, zieht aber nicht fest. Dann hält man die Sicherungsmutter mit dem Hakenschlüssel fest und kontert den Bremshebel durch Linksdrehen dagegen. Wenn das Rad

95 Die Eingangsnabe mit Rücktrittbremse.

96 Mehrgangsnaben haben ebenfalls eine Rücktrittbremse.

97 Die Kette bleibt auf dem Rahmen hängen.

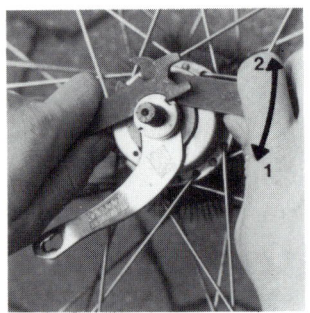

1 = anziehen
2 = lösen

98 Auf diese Weise wird das La-
gerspiel eingestellt.

– ohne zu wackeln – leicht auf der Achse dreht, ist die Einstellung richtig. Sonst muß diese Arbeit wiederholt werden.

Wie die Lagerung überholt wird, ist im Kapitel »Die Radnabe« (Seite 45) beschrieben. Manchmal wackelt ein Rad nur, weil die Radmuttern lose sind. Oder es läuft schwer, weil der Bremshebel durch die Rohrschelle verspannt ist. Diese Rohrschelle muß genau passen und über eine passende Schraube fest am Hintergabelrohr des Rahmens geklemmt sein. Anderenfalls ruckt die Bremse und beschädigt Rahmen und Nabe. Rohrschellen sind in vielen Größen im Handel zu haben.

Wenn die Hinterradnabe aber unzureichend oder extrem scharf bremst oder auf Verschleiß untersucht werden soll, so muß sie auseinandergenommen werden. Man dreht die Sicherungsmutter auf der Bremshebelseite ab und entfernt den Zwischenring. Danach hält man das Vierkantende der Achse mit einem Schlüssel und öffnet durch Linksdrehung am Bremshebel die Lagerung. Wichtig ist dabei, das Ritzel an die Nabe anzudrücken, damit die Innereien der Nabe nicht unkontrolliert herausfallen.

Man dreht das Rad waagerecht, so daß die Achse senkrecht nach unten herausgezogen werden kann. Dann bleiben alle Teile in ihrer Position. Am Beispiel der Torpedo-Komet-Nabe der Fichtel & Sachs AG (siehe Tabelle 5) wird das weitere Vorgehen gezeigt. Erwähnt werden muß hier aber gleich, daß es auch bei diesem Hersteller weit

99 Rohrschellen für Bremshebel
müssen exakt passen.

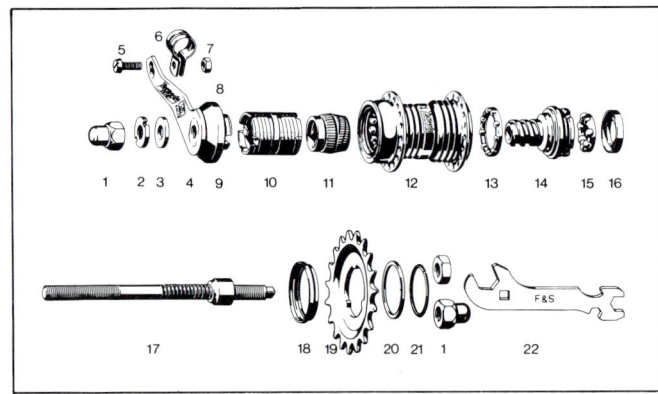

100 Die Innenteile der F & S-Ko-
met-Nabe s. a. Tabelle 5.

50

Tabelle 5: Die Einzelteile der Torpedo-Komet-Nabe T 112

Nr.	Bezeichnung
1	Hutmutter FG 9,5 (2 Stück)
2	Sicherungsmutter FG 9,5
3	Sicherungsscheibe
4	Bremshebel
5	Zylinderschraube M 5
6	Rohrschelle
7	Sechskantmutter M 5
8	Staubdeckel
9	Hebelkonus (nur komplett lieferbar)
10	Bremsmantel
11	Antriebskonus
12	Nabenhülse
13	Kugelhalter
14	Antreiber
15	Kugelhalter S 519
16	Staubdeckel
17	Achse
18	Staubdeckel
19	Zahnkranz $1/2 \times 1/8''$ aufsteckbar
20	Beilagscheibe
21	Sprengring
22	Schlüssel

umfangreichere Nabenkonstruktionen gibt. Schon beim Ersatz von Einzelteilen solcher Naben kommt man ohne den Rat eines Fahrradhändlers nicht viel weiter.

Jedes Hinterrad ist mit einem Freilauf ausgerüstet. Bei einem starren Antrieb würde das rollende Fahrrad seinerseits die Pedale antreiben, der Fahrer müßte ständig mittreten. Der Freilauf ist entweder in der Hinterradnabe oder im angeflanschten Ein- oder Mehrfachzahnkranz untergebracht.

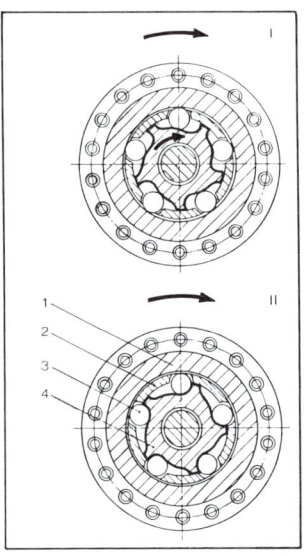

101 Die Torpedo Freilaufnabe: Antriebswalzen.
I = Antriebsstellung, II = Freilaufstellung, 1 = Nabenhülse, 2 = Walzenführungsring, 3 = Walzen ∅ 6,5, 4 = Antreiber.

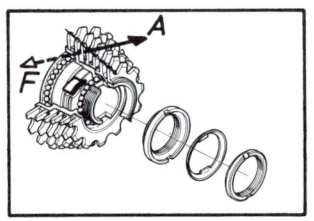

102 Der »Suntour new winner«-Mehrfachzahnkranz hat einen Freilauf mit Klinken. Am Mehrfachritzel bedeutet A Mitnahme und F Freilaufstellung.

Am folgenden Beispiel soll die Wirkung des Nabenfreilaufs beschrieben werden: Das Antriebsritzel der Hinterradnabe ist formschlüssig mit dem Antreiber verbunden. Dieser zeigt am Umfang fünf spiralförmig angeordnete Steigkurven, auf denen je eine Walze aufliegt. Die Walzen sind durch den Walzenführungsring geführt. Sobald durch das Treten der Pedale das Antriebsritzel bewegt wird, verdreht sich der Antreiber gegenüber dem Walzenführungsring, wodurch die Walzen auf den Steigkurven aufsteigen. Hierbei entsteht ein Druck, der den Antreiber und die Nabenhülsen-Innenwand zusammenpreßt. Durch die Drehung der Nabenhülse wird das Speichenrad bewegt. Hält der Fahrer die Pedale still, so wird der Antrieb des Ritzels unterbrochen. Der Walzenführungsring drängt die fünf Walzen in die tiefsten Stellen der Steigkurven zurück. Somit kann das Rad frei laufen.

Um das **Antriebsritzel** vom Antreiber abzubauen, wird der dort montierte Sprengring aus seiner Ring-Nut gehebelt. Mit einem schmalen Schraubendreher unter sticht man den Ring an seiner offenen Seite und hebelt ein Ringende zum Achsenende hin ab. Dabei empfiehlt es sich, den Ring gegen Wegspringen zu sichern und mit dem Schraubendreher vom Körper weg zu arbeiten.

Ältere **Hinterradnaben** haben einen Gewindering anstelle des Sprengrings. Er hat Linksgewinde und muß zum Öffnen im Uhrzeigersinn gedreht werden. Der Ring hat Nuten am Umfang, an denen ein Hakenschlüssel angreifen kann. Aber auch mit Schlägen auf ein Messing-Profilstück läßt sich der Ring lösen. Diese Arbeit macht man besser an der noch montierten Nabe, weil das Rad besser festgehalten werden kann. Anschließend kann das Antriebsritzel vom Antreiber abgehoben werden. Ein Defekt am Ritzel kann eine Gelegenheit sein, die Übersetzung zu ändern. Mehr Zähne am Ritzel bedeuten leichteres, aber zugleich häufigeres Pedaltreten. Weniger Zähne lassen das Rad »schneller« werden, doch wird das Pedaltreten erschwert. Antriebsritzel sind manchmal gewölbt. Sie müssen wieder lagerichtig eingebaut werden, damit die dem Fahrrad vorgegebene Kettenlinie nicht gekrümmt wird.

Für **rücktrittslose Hinterradnaben** wie auch zum Anbau an Rücktritt-Bremsnaben steht eine weitere Variante zur Verfügung: der Freilauf-Zahnkranz, auch für Gangschaltungen. Der Innenkörper wird auf den Gewindeansatz der Hinterradnabe aufgeschraubt. Der Zahnkranz ist mit zwei Konuslagern zum Innenkörper hin drehbar gelagert. Zwischendrin sorgen Klinken oder sichelförmige Mitnehmer für die Freilauffunktion. Klinken und Mitnehmer werden durch leichten Federdruck in die Zahnlücken des umlaufenden Freilaufteils gedrückt. Solange das Rad dreht, ohne getrieben zu sein, werden die Klinken oder Mitnehmer von jeder Zahnspitze des umlaufenden Freilaufteils gegen die Federn niedergedrückt. Sobald diese Federn die Klinken oder Mitnehmer wieder in die Zahnlücken zurückdrükken, entsteht das beim Rollen solcher Fahrräder deutlich hörbare Klicken, oft verstärkt durch das beliebte Rückwärtstreten.

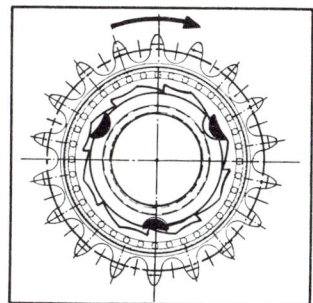

103 Halbmondförmige Mitnehmer werden in Freiläufen ebenfalls verwendet.

Um derartige Freiläufe zu demontieren, muß der Freilauf geöffnet, manchmal auch der Freilaufinnenkörper vom Gewindeansatz der Hinterradnabe abgeschraubt werden. Das geht nicht ohne Spezialwerkzeug, weshalb solche Arbeiten einer Werkstatt überlassen werden sollten. Dazu kommt, daß Klinken und Mitnehmer wie auch die lose eingelegten Kugeln der Konuslager beim Demontieren leicht verlorengehen. Schließlich muß der Fachmann noch mit einem ganz anderen Problem fertig werden: Für derartige Freilauf-Zahnkranzkonstruktionen sind drei Gewindeausführungen im Handel, die sich optisch nicht unterscheiden und dennoch nicht untereinander austauschbar sind. Das erschwert selbst beim Händler die Ersatzteilbeschaffung. Doch dürfen die Freilauf-Zahnkränze auf die Gewindeansätze der Hinterradnaben nur aufgeschraubt werden, wenn dies leicht möglich ist.

Eingangnaben mit Rücktrittbremse. Eine zusätzliche Funktion der Naben kann die Rücktrittbremse sein. Dafür haben einige Naben Friktions-Federhülsen am Walzenantrieb. Vor dem Zusammenbau muß eine solche Hülse überprüft und – wenn nötig – so aufgebogen werden, daß die Federschenkel mit einem Luftspalt von wenigstens 1 mm über den Ringkörper hinausragen. Beim Einbau dürfen diese Federschenkel nicht verbogen werden. Zur Kon-

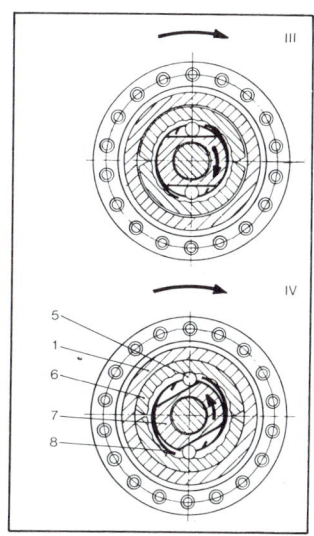

104 Die Torpedo Freilaufnabe: Walzen der Friktionsfeder.
III = Antriebs- oder Freilaufstellung, IV = Bremsstellung, 1 = Nabenhülse, 5 = Walzen $\oslash$ 4,5, 6 = Bremsmantel, 7 = Bremskonus, 8 = Friktionsfeder.

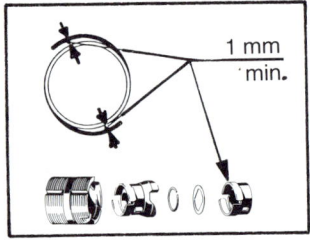

105 Das ist bei Friktionsfederhülsen wichtig.

trolle dreht man das Teil im Bremsmantel: Es muß deutlich eine Reibung spürbar sein.

Die aus der Nabenhülse herausgezogenen Innenteile brauchen nicht unbedingt vollständig zerlegt zu werden. Doch sollte man beschädigte Teile erneuern. Bei extrem hart oder zu schwach wirkenden Bremsen ist oft der Bremsmantel defekt. Ein Bremsmantel, der nur leicht abgenutzt, aber nicht beschädigt ist, kann weiter verwendet werden.

Man reinigt die Teile nacheinander in Waschbenzin, trocknet sie ab und legt sie in der gleichen Reihenfolge auf ein Tuch, in der sie beim Zusammenbau gebraucht werden. Vorher werden die Nabenteile gefettet. Das Mittelteil der Achse, die Kugelhalter und der Bremsmantel werden mit einem speziellen Fett geschmiert. Falsches Schmiermittel kann dazu führen, daß man beim Rückwärtstreten durchtritt! Aber auch ungenügende Bremswirkung oder Bremsgeräusche können vom falschen Fettyp herrühren. Fehlendes Fett aber verursacht zu starkes Bremsen oder gar das Blockieren der Nabe beim Bremsvorgang. Bleibt die Bremse nach dem Bremsvorgang festgezogen, so deutet dies ebenfalls auf fehlende Schmierung hin. Das richtige Fetten ist also ein wichtiger Faktor bei Bremsnaben. Beim Bremsmantel bestreicht man die Oberfläche vollständig und gleichmäßig. Danach legt man einen Schmiervorrat an, und zwar bei Eingangnaben innen in der Nähe der Haltenasen im Bremsmantel und bei Mehrgangnaben in der ringförmigen Aussparung des Hebelkonus.

Sollte noch ein älterer Bremsmantel aus Bronze (goldfarben) eingebaut sein, so schmiert man ihn mit weicher technischer Vaseline, die es im Handel gibt. Die übrigen Teile werden nur leicht mit gutem Fahrradöl bestrichen. Antriebswalzen und Bremskonuswalzen dürfen nicht gefettet oder geölt werden. Anderenfalls kann es passieren, daß sich die Pedale in beide Richtungen durchtreten lassen.

Mehrganghinterradnaben gibt es mit und ohne Rücktritt, mit Schaltungen über Seilzug oder automatisch schaltend. Im Handel sind solche Naben auch für Ein- und Mehrfachzahnkränze mit Trommelbremse und mit eingebautem Dynamo.

106 Die Sachs-Orbit-Zweigang-Freilaufnabe mit Sechsfachzahnkranz . . .

Beispiel für eine sinnvolle und elegante Kombination ist die Sachs-Orbit-Zweigang-Freilaufnabe mit Sechsfach-Zahnkranz. Dabei ist die Nabe mit einem direkten Gang für flottes Fahren in der Ebene sowie einem leichteren Gang für Bergfahrten und Fahrten unter erschwerten Bedingungen bestückt. Die Zweigangnabe ersetzt das zweite vordere Kettenblatt und den Kettenwerfer. Die Vorteile: schnelles Umschalten, verringerter Kettenverschleiß, geringere Kettenbiegung auf den äußeren Zahnkränzen des Hinterrades und kein Kettenschleifen mehr. An der Nabe angeflanscht ist der Sechsfach-Zahnkranz, der diese Nabenkombination zur 12-Gang-Klasse werden läßt. Seit der zweiten Hälfte 1981 liefert Sachs diese Nabe zusätzlich mit 70-mm-Trommelbremse für zuverlässiges, gleichmäßiges und geräuscharmes Bremsen bei jedem Wetter und bei längeren Abfahrten.

Solche Hinterradnaben gelten als zuverlässig und wartungsfrei. Wird dennoch ein »Eingriff« notwendig, sollte er dem Fachmann vorbehalten bleiben, der die Ersatzteile meist auch erst bestellen muß. Der Preis einer solchen Nabe rechtfertigt es durchweg, sie in ein neues Hinterrad zu übernehmen, falls die Felge gewechselt werden muß.

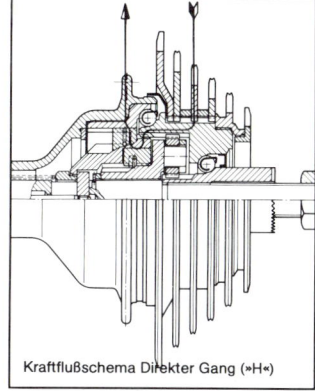

Kraftflußschema Direkter Gang (»H«)

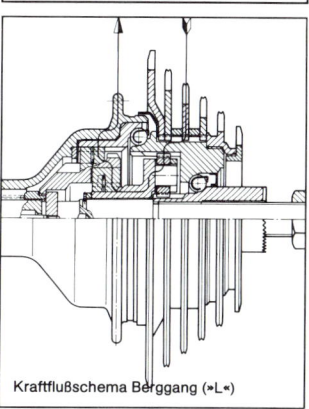

Kraftflußschema Berggang (»L«)

107 ... ersetzt das vordere Kettenblatt und den Kettenwerfer.

Ketten und Kettenräder

Mit der Fahrradkette wird die Antriebskraft von den Pedalen auf das Hinterrad übertragen, und zwar in bewährter Weise. Es gab zwar immer wieder Versuche, dieses System durch Riemen, Zahn- und Kegelräder oder gar Kardanwellen zu ersetzen. Doch ergaben sich dabei soviele Nachteile, daß dem Kettenantrieb bisher keine ernsthafte Konkurrenz erwachsen ist.

Der **Verschleiß am Kettenantrieb** ist erheblich. Das hat eine Reihe von Gründen. Beispielsweise verlängert sich die Kette im Lauf der Zeit durch die Belastung und die Abnutzung der Teile, die dadurch mehr Spiel erhalten, was sich in der Länge addiert. Die Kette rollt dann nicht mehr exakt auf dem Antriebsrad und dem Ritzel ab. Wird sie nicht ausgewechselt, verschleißen auch die Kettenräder,

108 Die Sachs-Orbit-Zweigangnabe gibt es auch mit Trommelbremse.

55

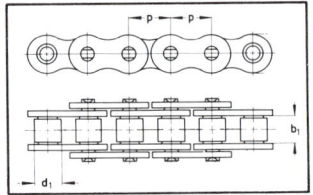

109 p und b_1 bestimmen die Kette am Fahrrad.

weil die Kette an den Zahnflanken der Räder hochsteigt und schließlich abspringt.

Verschleiß entsteht auch, wenn die Kettenräder zueinander nicht fluchten, also nicht in einer völlig geraden Linie liegen. Und natürlich auch dann, wenn sie verbogen oder beschädigt sind. Auch falsche Kettenspannung fördert die Abnutzung. Den größten Anteil am Verschleiß hat jedoch die enorme Verschmutzung, oft verbunden mit mangelhafter Pflege. Nicht selten wird erst bemerkt, daß die Kette verrostet ist, wenn sie das akustisch signalisiert, also hörbar knackt.

Nur zwei verschiedene Kettenmaße gibt es. Sie sind in der DIN-Norm 8187 festgehalten, und zwar in Zoll und Millimetern. Für alle Fahrräder mit Einfachnabenritzel gelten die Abmessungen $^1/_2 \times {}^1/_8''$ oder $12,7 \times 3,3\,$mm, für Räder mit Kettenschaltungen $^1/_2 \times {}^3/_{32}''$ oder $12,7 \times 2,38\,$mm. Die erste Zahl bezeichnet die Teilung (p), die zweite Zahl gibt die innere Breite (b_1) der Kette an. Der Rollendurchmesser (d_1) ist mit 7,75 mm bei beiden Typen gleich. Geliefert werden Fahrradketten im offenen Zustand, beispielsweise mit 116 Gliedern. Für Ketten mit $^1/_2 \times {}^1/_8''$ gibt es von jeher Kettenschlösser. Bei Schaltungsketten dagegen dominiert immer noch das Nieten zum Verbinden der Kettenenden untereinander. Der Grund liegt darin, daß die Mehrfachkettenritzel an der Hinterradnabe sehr eng beieinanderliegen. Normale Kettenschlösser mit ihren überstehenden Kettenbolzen würden dort anstoßen. Seit einiger Zeit aber sind schmal gehaltene Kettenschlösser zu haben, die das Kettenverbinden erleichtern. Beispielsweise liefert die Wippermann Jr. GmbH zur Schaltungskette in den Maßen $^1/_2 \times {}^3/_{32}''$ das Federverschlußglied Nr. 11, das in vielen Fällen das Nieten ersetzen kann. Ob die Kette allerdings in allen Schaltpositionen einwandfrei arbeitet, muß durch einen Versuch festgestellt werden.

Die Firma Shimano fertigt die »Uniglidekette«, die mit einem neuartigen Verschluß ausgestattet ist, der nicht breiter ist als die Kette. Zum Öffnen wird das Verschlußglied rechtwinklig umgeklappt. Dann läßt sich der Verbindungsbolzen herausziehen. Solange die Kette aber ihrem normalen Weg folgt, sitzt der Bolzen, durch die Lasche verriegelt, unverlierbar fest.

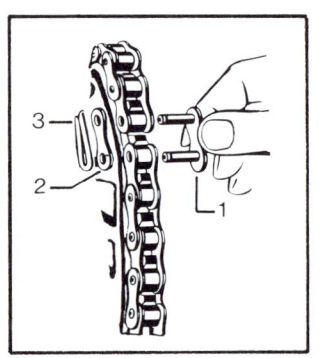

1 Stiftblock
2 Verschlußlasche
3 Verschlußfeder

110 Das sind die Einzelteile eines Kettenschlosses.

Normale **Kettenschlösser** werden geöffnet, indem man vor ihrer offenen Seite und hinter dem hier anliegenden Kettenverschlußbolzen eine Kombizange ansetzt und zudrückt. Sobald die Verschlußfeder von diesem Bolzen abgedrückt ist, kann sie vom Kettenschloß abgenommen werden. Nach dem Entfernen der losen Außenlasche kann das Steckglied entnommen werden.

Um solche Kettenschlösser zu montieren, müssen an jedem Ende Innenglieder vorhanden sein. Montiert wird das Schloß immer mit der losen Außenlasche von der dem Rad abgewandten Seite und mit dem geschlossenen Ende der Verschlußfeder in Laufrichtung.

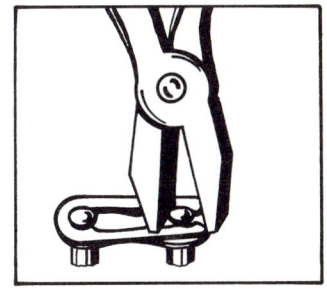

111 So öffnet man ein Kettenschloß . . .

Je nach Rahmengröße und Anzahl der Zähne an Kettenrad und Ritzel ändert sich auch die Ursprungskettenlänge. Die am hinteren Rahmen angebrachten Kettenspanner können hier nur bedingt weiterhelfen, weil sie die allmähliche Verlängerung der Kette beim Betrieb ausgleichen sollen. Deshalb wird sich das Kettenkürzen manchmal nicht vermeiden lassen. Zu diesem Zweck legt man die Kette um Kettenrad und Ritzel, führt sie über das Hintergabelrohr und stellt fest, um wieviele Glieder die Kette zu lang ist. Aber Achtung: An der Seite, wo man kürzen will, muß ein Innenglied stehen bleiben.

Beim Kürzen wird von der Kette jeweils ein Innen- und ein Außenglied entfernt. Dazu wird vom Kettenende aus der zweite, vierte oder sechste Kettenbolzen bis auf die Außenlasche abgeschliffen oder abgefeilt. Nun legt man die Kette so hin, daß die Kettenbolzen senkrecht stehen und die abgefeilte Stelle nach oben zeigt. Mit einem passenden Splintentreiber – notfalls auch mit einem plan geschliffenen Stahlnagel – schlägt man diesen Kettenbolzen nach unten durch. Deswegen wird zuvor eine geeignete Unterlage gesucht, in die der Kettenbolzen eindringen kann. Geeignet ist ein um wenige Millimeter geöffneter Schraubstock, eine Sechskantmutter M8 oder auch ein Metallstück mit Loch.

Neue **Räder mit Kettenschaltungen** haben auch heute noch häufig endlos vernietete Ketten. Um sie abzunehmen, muß ein Kettenglied geöffnet werden. Leider ist dazu ein Nietendrück-Werkzeug erforderlich. Man drückt damit einen Kettenbolzen soweit zurück, daß er noch in der hin-

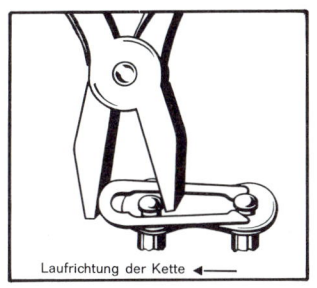

Laufrichtung der Kette ◄———

112 . . . und so schließt man es.

Aufbau einer Präzisionsrollenkette: 1 Innenglied, 2 Innenlasche, 3 Hülse, 4 Rolle, 5 Außenlasche, 6 Bolzen.

113 Das sind die Teile von zwei Kettengliedern. Geschmiert werden muß auch in den Bohrungen.

teren Außenlasche steckenbleibt. Mit dem gleichen Werkzeug kann der Kettenbolzen auch wieder zurückgedrückt und ein neuer Nietkopf am Kettenbolzen gebildet werden. Auf diese Weise kann eine Kette auch mit zusätzlichen Gliedern verlängert werden, wenn das wegen Änderung der Übersetzung erforderlich wird. Einfacher aber geht die Arbeit, wenn man die einmal geöffnete Endloskette mit einem Kettenschloß verschließt. Zum Öffnen genügt dann das im vorigen Absatz beschriebene Abschleifen oder -feilen des Nietkopfes.

Die richtige **Kettenpflege** ist das beste Mittel gegen vorzeitigen Verschleiß. Falsch wäre es dabei, Öl oder Fett in jeder Menge aufzubringen, weil daran um so mehr Schmutz haften würde. Eine solche Mischung wirkt als Schleifpaste, von der die Kette schnell zerstört werden würde. Es nützt das äußere Aufbringen des Schmiermittels nicht viel, weil sich Rollenketten zwischen Kettenbolzen und Hülsen sowie zwischen Hülsen und Rollen bewegen. Dort innen muß ebenfalls das Schmiermittel wirken. Etwa alle drei bis sechs Monate, abhängig vom Verschmutzungsgrad, sollte eine Fahrradkette abgenommen und gereinigt werden. Um die äußeren und inneren Kettenteile reinigen zu können, legt man sie rund 24 Stunden in Petroleum und reinigt mit einer harten oder stählernen Bürste. Die Reinigung ist zu wiederholen, falls die Kette beim Bewegen noch kratzende Geräusche erzeugt. Dann wird die Kette auf schadhafte Glieder untersucht, die ausgetauscht werden.
Zum Einfetten muß die Kette trocken sein. Es gibt zwei Möglichkeiten für eine exakte Schmierung: Zum einen kann man Kalkseifenfett (es wird beispielsweise auch für Kugellager verwendet) auf 70 Grad erwärmen und so verflüssigen. In dieses Bad legt man die Kette ein und bewegt sie so lange hin und her, bis keine Luftbläschen mehr aufsteigen. Dann ist aus allen Zwischenräumen die Luft entwichen und das Fett eingedrungen. Man läßt die Kette noch so lange im Bad, bis sie die Badtemperatur angenommen hat. Denn sobald die Kette aus dem Bad entnommen wird, soll auch das überflüssige Fett ablaufen, damit Reste nicht als Staub- und Schmutzfänger haften bleiben.

Die zweite Methode ist die Verwendung von dickflüssigem Öl, dem als Lösungsmittel etwas Benzin zugegeben wird, das nach und nach verdunstet. In diesem Öl wird die Kette geschwenkt und vor der Montage mindestens eine halbe Stunde liegengelassen. An den Schmierstellen bleibt ein Film aus dickflüssigem Öl zurück.

Der Handel bietet auch Schmiermittel in Sprühdosen an. Mit ihnen lassen sich die Zeiträume, in denen die Kette nicht zur Reinigung abgenommen werden muß, beträchtlich verlängern. Vor dem Aufsprühen wird die Kette am Rad gründlich mit einer harten Bürste gereinigt. Solche Mittel sind beispielsweise »Wippermann WKS-Spezial« oder »Iwis-VP6«. Ich selbst habe beste Erfahrungen mit »Sonax MoS$_2$ Oil« gesammelt. Das Mittel wird auch aufgesprüht, es enthält nichtfettende, jedoch schmier- und gleitfähige Wirkstoffe, unterkriecht Wasser und Rost und stoppt Korrosion. Zum Einsprühen stelle ich das Rad auf Sattel und Lenker und drehe an einer Pedale die Kette mit einer Hand weiter. In der anderen Hand halte ich die Sprühdose und ziele solange auf die Kettenrollen, bis die Kette rundum eingesprüht ist.

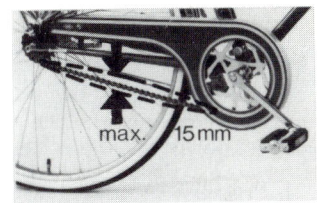

114 Die richtig gespannte Kette.

Einmal im Monat sollte untersucht werden, ob die Kette nachgestellt werden muß. Das geht bei den verschiedenen Naben unterschiedlich vor sich. Bei Ein- und Mehrgangsnaben darf sich die gespannte Kette nicht mehr als insgesamt 15 mm nach oben und unten bewegen lassen. Sie darf auch nicht zu stramm eingestellt sein, dann läßt sich die Pedale nur schwer mit der Hand bewegen. Zum Nachspannen stellt man das Rad auf Lenker und Sattel und öffnet die Achsmuttern. Bei Sportrad-Ausfallenden wird das Hinterrad zum Spannen einfach zurückgezogen. Danach zieht man die Achsmuttern wieder fest. Manche Ausfallenden haben Begrenzungsschrauben, die zuvor zurückgeschraubt und dann auf die neue Achsposition eingestellt werden. So kann man das Hinterrad ausbauen, ohne die richtige Spannposition erneut suchen zu müssen. Tourenräder haben Kettenspanner an beiden Hintergabelrohren. An beiden Spannern dreht man die Sechskantmuttern im Uhrzeigersinn solange an, bis die richtige Kettenspannung erreicht ist. Bei beiden Radtypen ist darauf zu achten, daß das Hinterrad beim Festziehen der Achsmuttern mit dem Reifen in der Gabelmitte steht.

115 Manche Ausfallenden haben Begrenzungsschrauben.

116 Wenn dieses Maß überschritten ist, muß die Kette gewechselt werden.

117 So legt man die Kette auf . . .

118 . . . und so läßt man sie ablaufen.

Kettenschaltwerke übernehmen den Kettenlängenausgleich, der entsteht, wenn die Kette von Ritzel zu Ritzel wechselt. Darüber hinaus ist noch etwas Spannweg für Kettenlängung vorhanden. Genauer wird dieser Punkt beim Thema Kettenschaltungen auf Seite 64 behandelt. Für alle Kettenantriebe gleich ist die Prüfung, ob die Kette nicht zu sehr gelängt ist: Man versucht, die Kette in Fahrtrichtung vom Antriebsrad abzuheben. Gelingt dies um mehr als 3 mm, muß die Kette ersetzt werden. Sonst werden die Kettenräder schnell verschleißen.

Wenn eine Kette vom Kettenrand herunterfällt, ist sie meist zu locker gespannt. Seltener sind defekte Kettenräder die Ursache. Zum Aufziehen legt man den oberen Kettenstrang auf der Oberseite des Antriebsrades so auf, daß er in einigen Zähnen festhängt. Wenn das Antriebsrad mit einer Pedale vorwärts gedreht wird, läuft die Kette gänzlich auf das Antriebsrad. Wird nun aber nicht nachgespannt, war die Arbeit des Auflegens nur von kurzem Nutzen. Soll die Kette aber abgenommen werden, so geht man den umgekehrten Weg: Kette entspannen, den oberen Kettenstrang vom Antriebsrad abheben und zur Seite ziehen. Durch Vorwärtsdrehen des Antriebsrades läuft die Kette völlig ab.

Kettenräder verschleißen im allgemeinen langsamer als Ketten. Wird ein Kettenrad aber wegen Verschleiß ausgewechselt, so muß auch die Kette erneuert werden. Und meistens ist das Gegenrad und bei Mehrfachzahnkränzen das eine oder andere Ritzel auch verschlissen. Um dies festzustellen, gibt es folgende Methoden:

Man überprüft zuerst, ob die Zähne noch unversehrt sind. Bei abgenutzten Kettenrädern hat sich die Kette in die Zähne »eingefressen«. Es entstehen Zahnunterschneidungen, die ihrerseits dann sehr schnell die Kette zerstören. Im Zweifelsfall vergleicht man die Zähne mit denen an einem fabrikneuen Kettenrad. Wenn man anschließend eine neue Kette um das Kettenrad legt, so muß das leicht gehen. Erprobt man dies durch das Pedaldrehen direkt im Fahrrad, so muß sich die ablaufende Kettenseite vom Kettenrad lösen, ohne zu haken. Der Rundlauffehler eines Kettenrades darf nicht mehr als 0,76 mm, der »Schlag« nicht mehr als 1,14 mm betragen. Dies ist für den Heimwerker nicht gerade einfach zu messen. Doch läßt sich an den Zahlen erkennen, daß sichtbar schlagende oder sogar verbogene Kettenräder unbedingt ausgewechselt werden müssen.

Die **Kettenradbreite** ist rund zehn Prozent geringer als dieKetteninnenbreite. Für Normalketten sind die Räder im Zahnbereich 3,0 und für Schaltungsketten 2,1 mm stark bemessen. Mit normalerweise 44 oder 46 Zähnen ist das Kettenblatt, auch Zahnkranz oder Antriebsrad genannt, bei Normalrädern mit dem rechten Kurbelarm unlösbar verbunden. Zum Austausch des Zahnrades muß deswegen auch der Kurbelarm gewechselt werden. Kurbelarme aber gibt es in verschiedenen Längen. Und weil der rechte Kurbelarm genauso lang sein sollte wie der linke, muß auf die Länge besonders geachtet werden. Darauf wird beim Thema Tretlager noch eingegangen.

Naben- und Kettenschaltungen

Fahrräder mit Kettenschaltungen und zehn oder mehr Gängen haben Kettenblätter, die an drei oder fünf Punkten mit dem Kurbelarm verschraubt sind. Die Anzahl der Zähne liegt zwischen 42 und 54. Für Rennsporträder gibt es sogar ein System, das aus drei Antriebsrädern und einem Siebenfachzahnkranz am Hinterrad besteht und somit 21 verschiedene Übersetzungsstufen enthält.

Um **Kettenblätter** an Rennsporträdern auszuwechseln, wird der Tretlagerarm abgebaut. Zuerst löst man die drei

119 Mit drei oder fünf Befestigungsschrauben sind Antriebsräder bei Zehn- und Mehrgangschaltungen am Kurbelarm befestigt.

120 Diese Teile sind aus einem Stück hergestellt.

oder fünf Befestigungsschrauben, denn solange der Kranz montiert ist, läßt sich mehr Kraft einsetzen. Es sind aber auch Konstruktionen im Handel, bei denen die beiden Kettenblätter, die Kettenschutzscheibe und der rechte Kurbelarm in einem Stück aus Aluminium hergestellt sind.

Fünf Kettenradritzel sind bei den Mehrfachleerlaufzahnkränzen üblich. Für teure Rennsporträder gibt es außerdem noch Sechs- und Siebenfachritzel. Sie werden nur gesteckt oder einzeln verschraubt. Auf jeden Fall wird das Abschlußritzel geschraubt, es klemmt die anderen fest. Über verschieden geformte Keilprofile werden die Ritzel mitgedreht.

Wie schon geschildert, können Freiläufe ohne Spezialwerkzeug nicht abmontiert werden. Im Mehrfachleerlaufzahnkranz ist ein solcher Freilauf eingebaut. Wenn Kettenradritzel ausgetauscht werden müssen, sollte die Werkstatt helfen. Bei einer solchen Gelegenheit kann man auch die Übersetzungen ändern. Dafür gibt es Zahnkränze in vielen Kombinationen (siehe Tabelle 6: Beispiele möglicher Zahnkranzkombinationen).

Für die Gangschaltungen gibt es verschiedene Systeme: Dreigangnaben mit Rücktrittbremse haben die gesamte Schaltungsmechanik in ihrem Innern. Zum Schalten der Gänge wird nur noch der Schalter selbst und die Verbindung zur Nabe außen angebracht. Anders ist dies bei Kettenschaltungen. Zuerst aber soll hier das Schalten der Nabenschaltungen am Beispiel des Torpedo-Clickschalters H 3111 erläutert werden. Der Schalter ist an der rechten Lenkerseite in der Nähe des Lenkergriffs festgeklemmt. Dafür hat der Schalter eine Klemmschelle mit Schraube. Ein im Schalter eingehängtes Zugseil wird bis zum Gegenhalter in einer Seilhülle geführt und danach noch ein- oder mehrmals umgelenkt, ehe es die Nabe erreicht. Gegenhalter und Umlenkteile sind mit Schellen am Rahmen geklemmt oder an direkt auf den Rahmen gelöteten Haltern befestigt. Die Seilverlegung richtet sich nach der Rahmenkonstruktion und sollte der Seillänge wegen beibehalten werden.

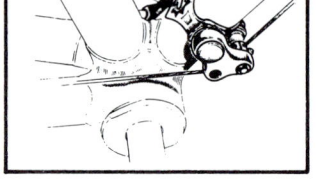

121 Gegenhalter und Umlenkrollen sind am Rahmen befestigt.

Touren- oder Sporträder lassen sich mit **Dreigangnabenschaltungen** nachrüsten. Dazu gehört auch die Verle-

Tabelle 6: Beispiele möglicher Zahnkranzkombinationen

Z	5fach									6fach					7fach
12	●									●					●
13	●	●	●							●	●	●	●		●
14	●	●		●	●	●	●	●		●	●				●
15	●	●	●						●	●	●	●	●		●
16	●	●		●	●					●	●				●
17		●	●		●	●	●	●		●	●	●	●		●
18			●	●								●			●
19			●						●			●			
20			●		●										
21		●		●		●		●				●			
22			●				●								
23												●			●
24				●	●			●							●
26						●									●
27															●
28				●		●									●
30															●
32						●									●
34							●								

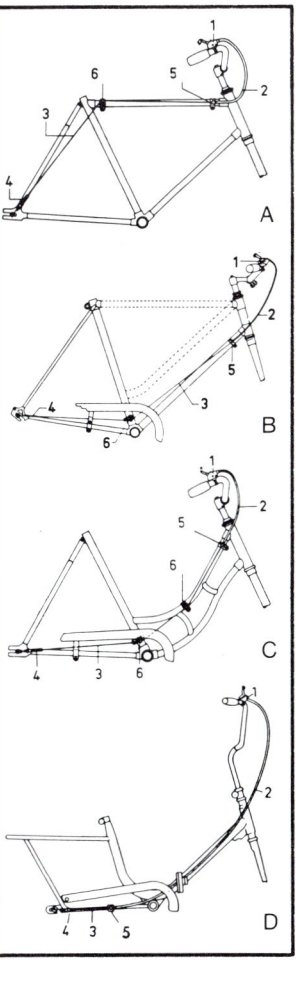

gung des Zugseils am Rahmen. Die Einstellung einer Dreigangnabenschaltung wird notwendig, wenn sich das Zugseil in der ersten Zeit des Betriebs längt, wenn die Seilführung nicht richtig festgeschraubt war, wenn die Kette nachgespannt oder eine solche Schaltung neu eingebaut wird. Typische Merkmale für eine falsche Einstellung: Die Tretkurbeln rutschen bei starker Belastung mit knakkendem Geräusch durch oder die Nabe springt von allein aus dem ersten in den zweiten Gang. Deswegen sollte die Einstellung gelegentlich kontrolliert werden.

122 1 = Clickschalter, 2 = Seilhülle, 3 = Zugseil, 4 = Einstellhülse, 5 = Gegenhalter, 6 = Seilrolle. A Seilzug für Herrensport- und -Tourenrad, B Seilzug für Damen- und Herrensportrad, C Seilzug für Damen-Tourenrad und für Räder mit geschlossenem Kettenkasten, D Seilzug für Klappräder.

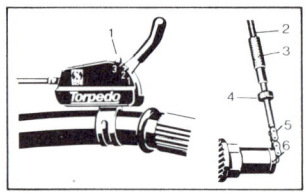

1 = Schaltfahne
2 = Zugseil
3 = Einstellhülse
4 = Rändelmutter
5 = Zugkettchen
6 = Kettenleitmutter

123 Hier stellt man die Naben-schaltung ein.

Zur **Einstellung einer Nabenschaltung** wählt man am Schalter den dritten Gang. (Dies wird durch eine vorstehende Schaltfahne angezeigt.) Dann bewegt man den Pedalarm um mindestens eine Umdrehung, damit der dritte Gang einrastet. Nach dem Lösen der Rändelmutter spannt man das Zugseil durch Verdrehen der Einstellhülse, und zwar so weit, bis das Zugkettchen gerade beginnt, sich aus der Kettenleitmutter zu bewegen. Reicht das Gewinde am Zugkettchen nicht aus, obwohl die richtige Zuglänge vorhanden ist, muß am Rahmen der Gegenhalter oder die Seilrolle entsprechend versetzt werden. Dies ist von Fall zu Fall zu erproben. Man hält nun die Einstellhülse fest und dreht die Rändelmutter dagegen. Beim Bewegen der Pedale muß sich auch der zweite und der erste Gang schalten lassen. Im ersten Gang darf sich das Zugkettchen nicht weiter von Hand aus der Kettenleitmutter ziehen lassen. Dies dient als Beweis für die richtige Einstellung der Dreigangnabe.

Ältere Schalter für Torpedo-Dreigangnaben haben zwischen dem zweiten und dritten Gang eine keilförmige Markierung. In dieser Einstellung hat die Nabe einen Leerlauf. Zum Justieren stellt man die Leerlaufmarkierung dieser keilförmigen Markierung gegenüber und hält sie dort fest. Jetzt müssen sich die Tretkurbeln zusammen mit der Kette frei durchdrehen lassen. Anderenfalls stellt man neu ein – in der Art, wie dies oben beschrieben ist.

Die kleine Zugstange am Ende des Zugkettchens darf nicht zu fest in die Nabe eingeschraubt werden. Um das Kettchen zur Einstellhülse hin umklappen zu können, dreht man sie entgegen dem Uhrzeigersinn heraus. Beim Aufschrauben der Kettenleitmutter zieht man das Zugkettchen straff, um Beschädigungen zu vermeiden. Neben dem Clickschalter stehen noch andere Schalter zur Verfügung. Beispiele sind der Sachs-Speed-Shift oder der Sachs-Schalter an Doppelrohrrahmen.

Die **Schaltmechaniken von Kettenschaltungen** unterscheiden sich danach, ob am Tretlager ein oder zwei Antriebsräder montiert sind. Außerdem gibt es unterschiedliche Konstruktionen, weshalb Abweichungen von der folgenden Darstellung vorkommen können.

124 Frühere Clickschalter haben noch eine Leerlaufstellung.

Eine für Kettenschaltungen bewußt schmal gehaltene Schaltungskette verbindet das oder die Antriebsräder mit den Mehrfachritzeln am Hinterrad. Seilzüge verbinden Schalthebel mit dem Schaltwerk am Hinterrad oder mit dem Kettenwerfer in Nähe der Antriebsräder.
Bei den Schaltwerken gibt es zwei Grundmodelle: das Parallelogramm- und das Pantographsystem. Sie unterscheiden sich darin, daß die Kettenumlenkrollen unterschiedliche Abstände zu den Ritzeln einnehmen. Daraus ergeben sich jeweils verschiedene Schaltgeschwindigkeiten und Schaltkräfte. Der Unterschied hat aber in diesem Zusammenhang keine große Bedeutung.
Die folgende Schilderung bezieht sich auf Schaltwerke der Firma Fichtel & Sachs AG, die ein umfassendes Programm solcher Systeme anbietet. Die Sport-Super-Kettenschaltung C/CR 6100 beispielsweise verfügt über eine

125 Auch mit solchen Schaltern werden Nabenschaltungen bedient.

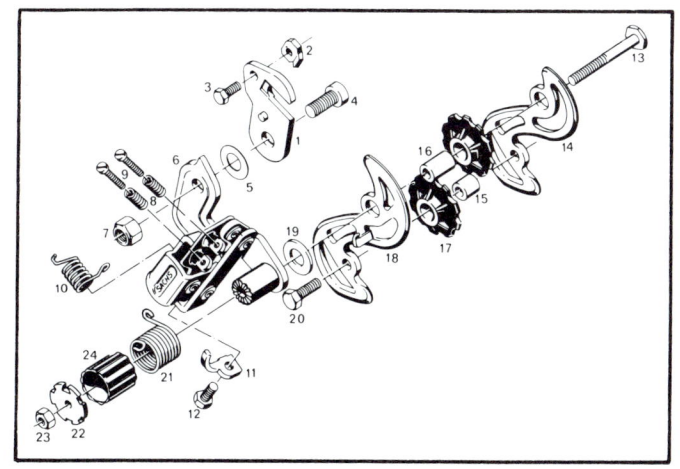

127 Einzelteile für Schaltwerk C/CR 6100.
1 Lasche, 2 Klemmstück, 3 Sechskantschraube M 5 × 12, 4 Innensechskantschraube M 8 × 16, 5 Scheibe, 6 Zsb. Parallelogramm (nicht lieferbar), 7 Sechskantmutter M 8 selbstsichernd, 8 Druckfeder (2 Stück), 9 Zylinderschraube M 3,5 × 16 (2 Stück), 10 Drehfeder, 11 Hebelstück, 12 Sechskantschraube M 5 × 8, 13 Sechskantschraube, 14 Kettenführungsblech (klein), 15 Lagerbuchse (10,4 lang), 16 Lagerbuchse (16,5 lang), 17 Kettenleitrolle (2 Stück), 18 Kettenführungsblech (groß), 19 Scheibe, 20 Sechskantschraube M 5 × 16, 21 Schenkelfeder, 22 Einstellscheibe, 23 Sechskantmutter M 5, 24 Hülse.

1 = Mehrfachritzel, 2 = Schaltwerk, 3 = Seilzug (Schaltungszug, Bowdenzug), 4 = Kettenwerfer (Umwerfer), 5 = Antriebsräder (Kettenblätter).

126 Aus diesen Teilen besteht eine Kettenschaltung.

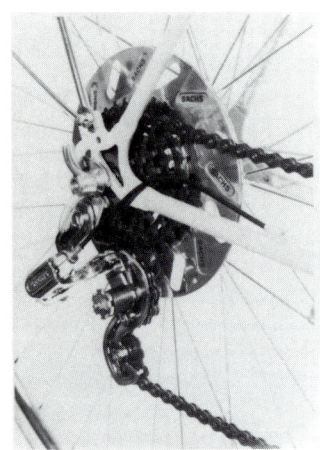

128 Der Kettenverlauf am Schaltwerk ist genau zu beachten.

129 Das Schaltwerk hält die Kette auf dem kleinsten Ritzel.

Gesamtkapazität von 27 Zähnen, bei einem größtmöglichen Zahnkranz an der Nabe mit 28 Zähnen. Hiermit lassen sich Antriebsritzel zwischen 13 und 28 Zähnen und Mehrfachantriebsräder zwischen 40 und 52 Zähnen schalten. Genau läßt sich dies ermitteln, wenn man die Differenzen bei der Zahl der Zähne zwischen kleinstem und größtem Ritzel sowie zwischen kleinem und großem Antriebsrad zusammenzählt. Dann dürfen »nur« 27 Zähne als Unterschied verbleiben.

Kettenschaltwerke sind entweder am Ausfallende des Rahmens direkt angeschraubt oder mit einer Befestigungslasche verbunden und gemeinsam mit der Hinterachse festgeklemmt. Wie im Bild gezeigt, muß die Kette so verlegt werden, daß sie vor der oberen und hinter der unteren Umlenkrolle verläuft. Nur so ist das Schaltwerk in der Lage, die Kette zu spannen und den Längenausgleich beim Schalten zu übernehmen.

Ein **Kettenwerfer** ist nur angebaut, wenn mehr als ein Antriebsrad vorhanden ist, also in der Regel zwei. Mit den seitlichen Leitblechen transportiert der Kettenwerfer die Kette seitlich hin und her.

Einfach- und Doppelhebel sind über Seilzüge mit dem Schaltwerk und dem Kettenwerfer verbunden. Durch den Reibungswiderstand innerhalb der Hebel werden die gewählten Gänge beim Fahren beibehalten, vorausgesetzt, die Hebel sind entsprechend schwergängig. Zum Einstellen sind deswegen Flügelmuttern vorhanden. Diese Hebel sind am Rahmen, am Lenkerschaft oder am Lenker angebracht. Schalthebel am Lenkerende lassen sich bedienen, ohne daß man die Hände vom Lenker nehmen muß. Werden Schalthebel zerlegt, muß auf die richtige Folge der Teile beim Zusammenbau geachtet werden. Man reinigt die Teile in Petroleum und trocknet sie ab.

Richtige **Wartung** und **Pflege** einer Kettenschaltung sind die Voraussetzung für die exakte Funktion. Besondere Beachtung verdient dabei die Einstellung: Mit den Schrauben A und B (Bild 134) wird der Schaltweg begrenzt. Zum Neueinstellen oder zur Kontrolle der vorhandenen Einstellung muß das Fahrrad am Hinterrad angehoben werden und frei drehen können. Während man die Pedale weiter-

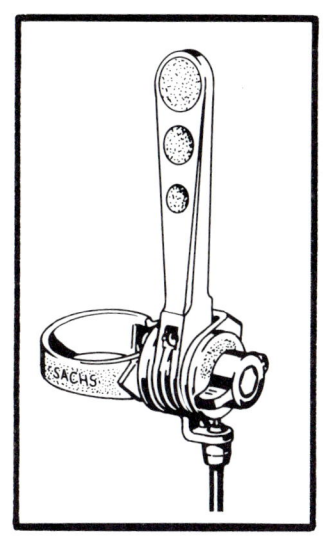

130   131

132

130 Fünfgangschaltungen haben Einfachhebel.

131 Doppelhebel sind für Zehn- und Zwölfgangschaltungen erforderlich.

132 Der Schalthebel am Lenkerende.

dreht, schaltet man den Schalthebel vor und zurück. Wenn ein einwandfreies Schalten vom kleinsten zum größten Ritzel und umgekehrt nicht möglich ist, wird an den Schrauben A und B verstellt. Dabei ist leicht zu erkennen, wie diese Schrauben zu den Anschlagstiften stehen und verstellt werden müssen. Die Sachs-Rennsport-Kettenschaltung ALU CR 5102 hat noch die Feineinstell-

134

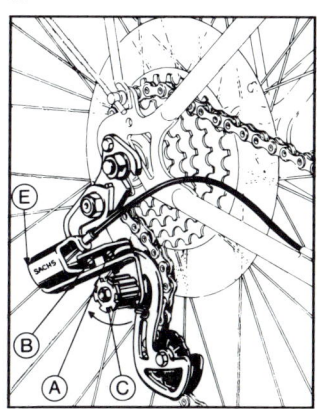

134 Am Schaltwerk C/CR 6100 wird mit zwei Einstellschrauben der Schaltweg begrenzt.

133

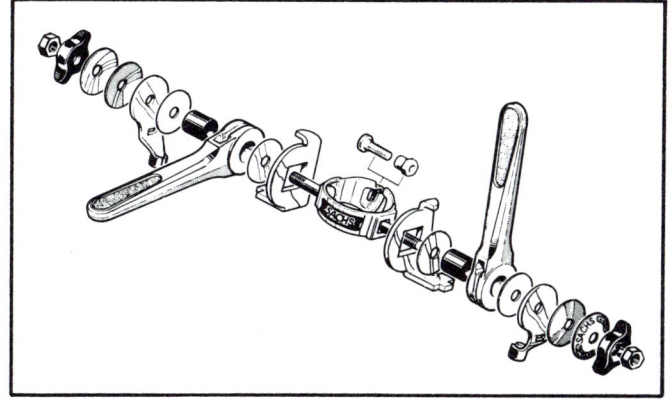

133 Beim Zerlegen muß auf die genaue Teilefolge und -lage geachtet werden.

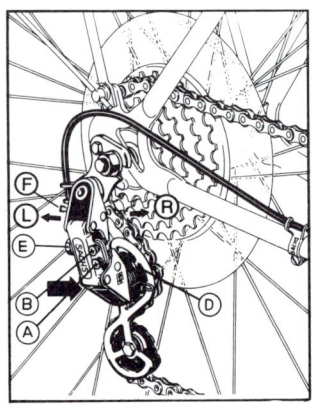

135 *Durch Umhängen des Fe-
derschenkels läßt sich die Ketten-
spannfeder am Schaltwerk Alu CR
5102 nachspannen.*

schraube F (Bild 135), an der in Richtung L (große Zahnkränze) oder R (kleine Zahnkränze) verstellt wird.
Die Kette soll möglichst kurz, aber doch so lang sein, daß
sich auch die kleinsten Gänge (das sind die mit den größten Zahnkränzen) leicht schalten lassen. Zur Kontrolle
schaltet man die Kette auf das größte Antriebsrad und auf
das größte Ritzel. In dieser Position darf die Kette nicht zu
stramm sitzen, anderenfalls muß sie verlängert werden.
Dann schaltet man vorn und hinten auf den jeweils kleinsten Zahnkranz. Jetzt darf das untere Kettenstück nicht
durchhängen, das heißt, es muß gerade noch gespannt
sein. Hängt das Kettenstück durch, wird die Kettenspann-
feder nachgespannt. Dazu dreht man die Einstellscheibe
C (Bild 134) in Pfeilrichtung oder hängt den Federschenkel (Bild 135) in Raste D.
Der Kettenwerfer wird ebenfalls seitlich justiert. Dazu dienen die Schrauben A und B (Bild 136). Man überprüft
auch, ob die seitlichen Leitbleche parallel zum Antriebsrad
verlaufen. Wenn nicht, verändert man ihre Lage durch Lösen der Rohrschelle am Sitzrohr. Dabei sollen etwa fünf
Millimeter Platz zwischen Oberkante Kette und Kettenwerfer bleiben. Sollte es vorkommen, daß die Kette vom Antriebsrad abspringt, ohne daß die Einstellung verbessert
werden kann, muß versucht werden, die seitlichen Leitbleche des Kettenwerfers vorsichtig zusammenzubiegen.
Hilft dies nichts, so sollte man die Tabelle 7 zu Rate ziehen. Sie zeigt, daß ein Problem mehrere Ursachen haben
kann.
Die Seilzüge einer Kettenschaltung sind mit Anschluß-
stücken in den Schalthebeln eingehängt. Von hier verlaufen sie zum Tretlager und über Metallbügel zum Kettenwerfer und zum Schaltwerk. Über eine kurze Strecke ist
jeweils eine Seilhülle angebracht. Zum Auswechseln eines Seilzuges bringt man den Schalthebel nach vorn in
Endstellung, löst die Kabelklemmschraube E (Bilder 136
bis 139) am Schaltwerk und hängt das Ende aus dem
Schalthebel aus. Ein neues Seil wird leicht eingefettet und
in umgekehrter Reihenfolge wieder eingebaut. Dabei muß
der Kettenwerfer über dem kleinsten Antriebsrad und das
Schaltwerk über dem kleinsten Ritzel stehen. Wenn der
Schalthebel vorne am Anschlag steht, muß das Zugseil
straff gespannt sein. Mit der Kabelklemmschraube E wird

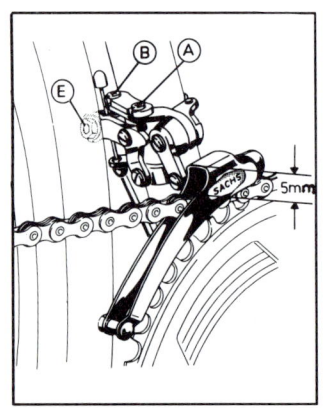

136 *Auch der Kettenwerfer muß
richtig eingestellt sein.*

Tabelle 7: Fehlersuche an Kettenschaltungen

Probleme der Schaltung	Schalthebel neu justieren	Schalthebel reinigen	Seilzug ölen oder erneuern	Antriebsrad und Kette erneuern	Kettenwerfer neu ausrichten	Am Seilzug Spannung verändern	Kette erneuern	Werkstatt einschalten	Schaltwerk neu einstellen	Schaltwerk reinigen	Schaltwerk erneuern	Ritzel und Kette erneuern
Abhilfe →												
Gänge schalten nicht exakt	●	●										
Gänge schalten verspätet			●									
Kette klemmt zwischen 2 Ritzeln			●									
Kette schleift am Kettenwerfer	●				●	●						
Kette läuft ab					●			●	●	●		
Kette wird vom Kettenwerfer nicht bewegt					●	●						
Kette läßt sich nicht über alle Gänge schalten		●						●		●	●	●
Mögliche Ursache →	Schalthebel zu lose oder zu fest	Schalthebel verschmutzt	Seilzug klemmt oder ist geknickt	Antriebsrad verbogen	Kettenwerfer verbogen oder verdreht	Seilzug zu fest oder zu lose	Kette ausgedehnt oder verrostet	Kettenlinie fluchtet nicht	Schaltwerk verstellt	Schaltwerk verschmutzt	Schaltwerk defekt	Ritzel verbogen

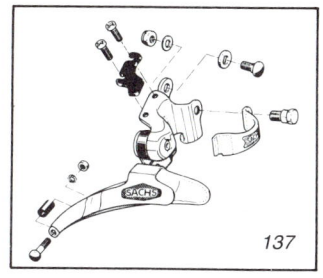

137

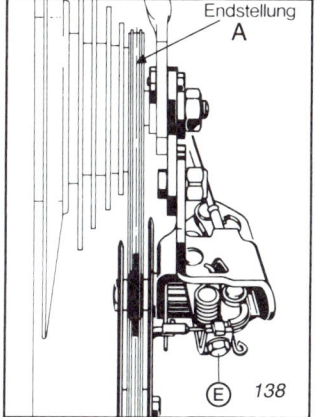

Endstellung A

138

das Seil befestigt. Nun probiert man zuerst die Schaltung. Danach zieht man die Schraube E nochmals nach, zwickt das überstehende Ende des Seilzugs nach etwa 30 mm mit einem Seitenschneider ab und schiebt eine Plastikschutzkappe auf. Sofern auch die Seilhülle am Schaltwerk erneuert wird, ist auf die richtige Länge zu achten. Dabei sollen die Enden der Seilhülle genau senkrecht in den Widerlagern sitzen. Die Seilhülle muß so lang sein, daß ein Zurückschwenken des Schaltwerkes beim Radausbau möglich ist.

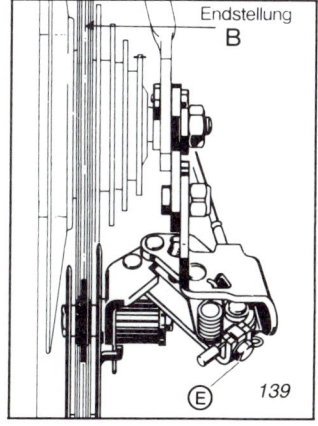

Endstellung B

139

137   Das sind die Einzelteile eines Kettenwerfers.

138   Beim Auswechseln eines Seilzuges muß das Schaltwerk vom kleinsten . . .

139   . . . bis zum größten Ritzel schalten.

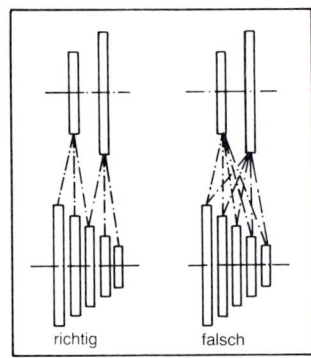

richtig   falsch

140 Der Verschleiß läßt sich bei richtigem Schalten stark reduzieren.

141 Der Doppelschalter der Sachs-Commander-Schaltung rastet in jedem Gang ein.

Beim Schaltwerk C/CR 6100 muß die Seilhülle vor der Achse und bei den Schaltwerken C/CR 5101 und 5102 hinter der Achse verlegt werden. Der Ein- und Ausbau des Hinterrades ist nur möglich, wenn die Kette auf einem der beiden kleinsten Zahnritzel aufliegt.

Kettenschaltungen verschleißen schnell, wenn kreuz und quer geschaltet wird. Am besten gewöhnt man sich daran, mit dem großen Antriebsrad die kleinen und mit dem kleinen Antriebsrad die großen Ritzel zu kombinieren. Außerdem darf nur während des Tretens geschaltet werden.

Anders ist dies bei modernen Vorwahlschaltungen, wie sie von Shimano als »Positron-Kettenschaltung« oder von Fichtel & Sachs als »Sachs-Commander« 12-Gang-Schaltungssystem angeboten werden. Bei diesen Systemen kann im Stillstand vorgewählt werden, wobei die »Commander«-Schaltung bei zwölf Gängen nur ein Antriebsrad besitzt. Dafür ist in der Nabe eine Zweigangschaltung eingebaut. Außen aufgeflanscht sind sechs Ritzel. Somit entfällt der Kettenwerfer, was den Verschleiß an der Kette mindert und den Bedienungskomfort erhöht. Mit dem Doppelschalter am Lenkerschaft wählt man den gewünschten Gang, wobei der linke Hebel die Naben- und der rechte Hebel die Kettenschaltung steuert. Die Hebel haben Ganganzeige und rasten fühlbar und wiederholbar exakt ein, was durch eine Rasterscheibe mit federnder Kugel erreicht wird. Im Schaltwerk ist eine Kurvenscheibe eingebaut, über die der Schaltzug exakt zu den entsprechenden Ritzeln weitergeleitet wird. Ein automatischer Längenausgleich des Seilzugs erlaubt es, die Einstellintervalle hinauszuzögern. Wenn dann doch einmal nachgestellt werden muß, genügt das Verdrehen einer Einstellschraube. Wenn die Kette verzögert vom kleinen zum großen Zahnritzel springt, dreht man die Schraube entgegen dem Uhrzeigersinn, und andersherum, wenn die Kette verzögert vom großen zum kleinen Zahnritzel wechselt. Drei- bis viermal im Jahr und nach längeren Regenfahrten sollten die Gelenke des Schaltwerks, die Lagerung der Kurvenscheibe, die Führungsrollenlager und die Commander-Kette mit Fahrradöl geschmiert werden. Dies gilt aber auch für die Zugseile, denen man an der Einmündung in die Seilhüllen einige Tropfen Öl gönnt. Die Nabenschaltung wird an der Einstellhülse justiert und mit der

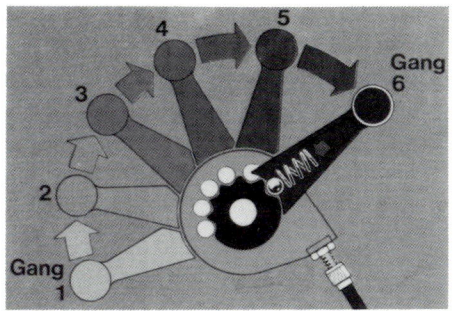

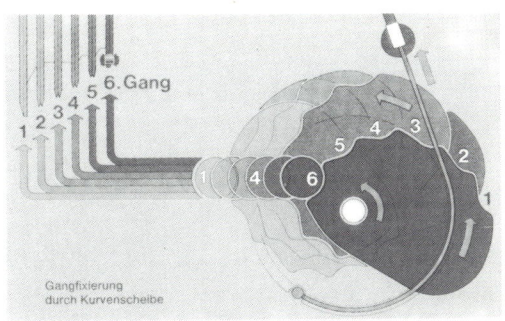

Rändelmutter gekontert. Man schaltet den Schalthebel auf Stellung »H« und verdreht die Einstellhülse soweit, daß das Zugseil leicht gespannt ist. Das Zugkettchen darf sich dabei nicht aus der Kettenleitmutter bewegen.

Der Seilzug der Kettenschaltung wird folgendermaßen gewechselt: Man gibt in die Seilhülle einige Tropfen Fahrradöl. Dann legt man den Seilzug in den Schalter bei Stellung »2« ein und zieht ihn durch die Einstellschraube, über den Gegenhalter, durch die Seilhülle und das Umlenkteil bis hin zum Schaltwerk. Nun stellt man den Schalter auf »6« und dreht die Einstellschraube am Schalter bis auf zwei Gewindegänge in den Schalter ein. Mit der Einstellschraube am Schaltwerk stellt man die Kettenführungsrolle so ein, daß sie in einer Linie zum kleinen Zahnkranz steht. Am Schaltwerk legt man danach den Seilzug in die Seilrille der Kurvenscheibe ein, zieht ihn straff und klemmt ihn mit der Klemmschraube gut fest. Mit der Einstell-

142 In eine Nockenscheibe rastet eine federbelastete Kugel ein.

143 Auch das Schaltwerk rastet ganggenau ein.

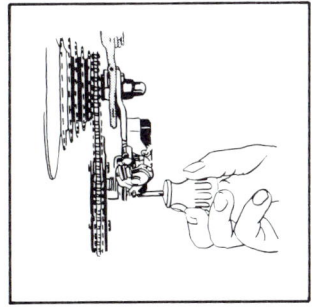

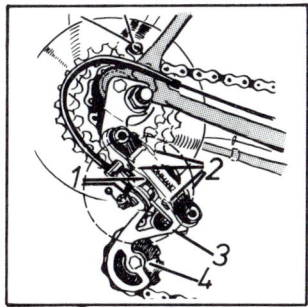

144 Es genügt das Verdrehen dieser Einstellschraube, um an der Sachs-Commander-Zwölfgangschaltung richtig zu justieren (links).

1 = Lagerung der Kurvenscheibe
2 = Gelenke des Schaltwerkes
3 = Justierschraube
4 = Führungsrollenlager

145 Drei- bis viermal im Jahr sollte das Schaltwerk hier geölt werden.

71

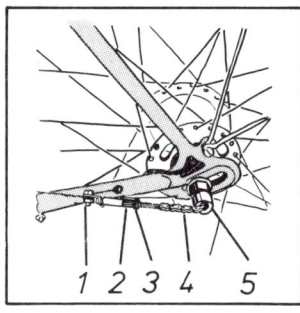

1 = Klemmschraube
2 = Einstellhülse
3 = Rändelmutter
4 = Zugkettchen
5 = Kettenleitmutter

146 Hier stellt man die Zweigangnabe ein.

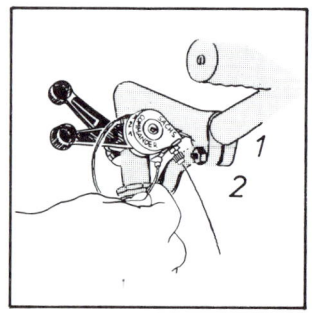

1 = Gegenmutter
2 = Einstellschraube

147 So läßt sich der Seilzug am Schalter . . .

schraube am Schalter spannt man das Zugseil soweit, bis diese Schraube merklich schwerer zu drehen ist. Eine volle Umdrehung schraubt man sie zurück und zieht dann die Gegenmutter fest.

Will man den Seilzug der Zweigangnabe wechseln, so gibt man einige Tropfen Fahrradöl in die Seilhülle, führt das Zugseil in den Schalthebel ein, dann über den Gegenhalter, durch die Seilhülle, um das Umlenkteil bis zur Nabe. Nun stellt man den Schalthebel in Stellung »H« und schraubt die Einstellhülse etwa 10 mm auf das Zugkettchen auf. Man schiebt dann das Zugseil durch die Bohrung der Klemmschraube an der Einstellhülse, spannt leicht an und klemmt das Seil fest. Eingestellt wird dann wie oben beschrieben.

Als neueste Entwicklung bietet Fichtel & Sachs diese Schaltkombination mit integrierter 70-mm-Trommelbremse an. Werden bei derartigen Präzisionsteilen Reparaturen erforderlich, so sollte der Fachmann eingeschaltet werden. Allein schon der Ersatzteilbedarf dürfte dessen Hilfe erforderlich machen.

Zum Ausbau eines Hinterrades mit der »Commander«-Schaltung stellt man den Schalthebel auf »6« und dreht die Pedale so lange weiter, bis die Kette auf dem kleinsten Zahnritzel aufliegt. Dann stellt man den Schalthebel für die Zweigangnabe in Stellung »H«, löst die Rändelmutter und schraubt die Einstellhülse am Zugkettchen der Zweigangnabe ab. Nach dem Lösen beider Achsmuttern zieht man das Schaltwerk nach hinten und nimmt das Rad aus dem Rahmen.

Umgekehrt ist es beim Einbau: Man zieht das Schaltwerk nach hinten und führt das Hinterrad zusammen mit der Kette in den Rahmen ein. Dann stellt man den Schalthebel auf »6«, legt die Kette auf das kleinste Zahnritzel auf und beachtet, daß die geriffelte Anlagefläche der Nabe direkt am Rahmen anliegt. Das Hinterrad wird jetzt ausgerichtet, die Achsmuttern werden angezogen. Nach dem Aufschrauben der Einstellhülse auf das Zugkettchen wird die Zweigangnabe neu eingestellt. Wenn auch die Trommelbremse vorhanden ist, so muß deren Betätigungsmechanismus ebenfalls gelöst werden.

Das Tretlager

Rund um das **Tretlager** sind die Tretkurbeln, die Pedale sowie das oder die Antriebsräder angeordnet. Die Auf- und Abwärtsbewegungen der Beine und Füße werden so in Drehbewegungen umgewandelt und über die Kette an das Hinterrad weitergeleitet. Im Tretlager treten große und ständig wechselnde Belastungen auf, weshalb seine Einzelteile besondere Beachtung verdienen.
Monatlich einmal sollten die Lager auf Spielfreiheit und Leichtgängigkeit, die Tretkurbeln auf festen Sitz und die Pedale auf leichten Lauf kontrolliert werden. Allzuschnell verschleißen die Teile, wenn kleine Defekte nicht bald behoben werden.

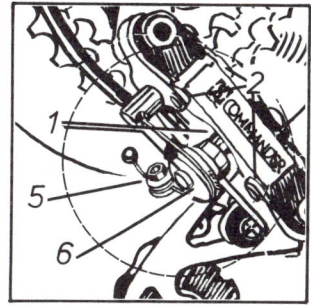

1 = Lagerung der Kurvenscheibe
2 = Gelenke des Schaltwerkes
5 = Klemmschraube
6 = Kurvenscheibe

148 ... und so am Schaltwerk wechseln.

DieTretkurbelbefestigungen werden in zwei Hauptgruppen geteilt: Keillager und keillose Lager. Bei der Keillagerbefestigung sind beide Enden der Tretlagerwelle zylindrisch geformt. Jedes Wellenende ist mit einer Nut versehen. Auf die Wellenenden werden die Tretkurbeln aufgesteckt. Quer zu ihren Bohrungen ist jeweils eine Bohrung vorhanden, die gemeinsam mit der Nut im Wellenende den Raum läßt, durch den der Keil gesteckt werden kann. Solche Keile sind aus Rundstahl hergestellt und an einer Seite mit etwa 7 Grad Neigung abgeflacht. Das noch rund gebliebene Keilende hat eine gewölbte Kuppe. Am anderen Ende ist ein Gewinde $1/4''$, neuerdings auch M7, vorhanden. Der Handel bietet Keile mit 9 und 9,5 mm, für Kinderräder mit 8 mm Durchmesser an, die der Bohrung in der Tretkurbel entsprechen müssen. Falsche Durchmesser verhindern die exakte Befestigung und erhöhen die Verletzungsgefahr.

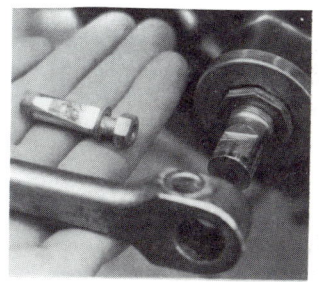

149 Die Teile einer Keilverbindung.

Um eine oder beide Tretkurbeln abzubauen, müssen bei dieser Befestigungsart die Keile entfernt werden. Hierzu schräubt man die Sechskantmuttern (entgegen dem Uhrzeigersinn) vom Gewinde ab. Auf das Gewindeende legt man ein Stück Messing oder Aluminium und schlägt mit dem Hammer den Keil heraus. Um das Gewindeende dabei nicht krumm zu schlagen, kann die Mutter auch auf dem Gewinde bleiben. Sie muß dann aber etwa 1 mm hochgedreht sein und weiter abgedreht werden, sobald

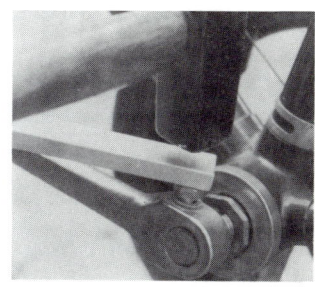

150 Hier wird der Keil zurückgeschlagen.

73

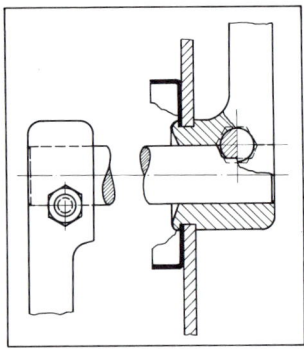

151 Nur so ist es richtig: ein Keil von oben und einer von unten.

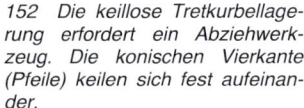

152 Die keillose Tretkurbellagerung erfordert ein Abziehwerkzeug. Die konischen Vierkante (Pfeile) keilen sich fest aufeinander.

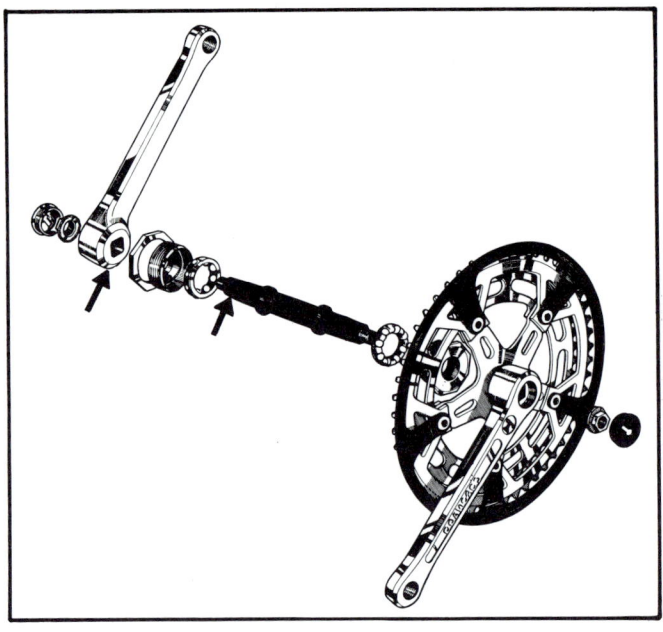

sich der Keil zurückschiebt. Wird ein Ersatzkeil benötigt, so mißt man den alten Keil am zylindrischen Ende oder aber den Durchmesser der Querbohrung in der Tretkurbel. Zum Abbauen dreht man die Tretkurbel vor und zurück und zieht dabei in Längsrichtung.

Die Keile müssen zueinander entgegengesetzt eingebaut werden. Nur dann stehen die Tretkurbeln in gleicher Flucht zueinander. Dabei muß beachtet werden, daß die abgeflachte Keilseite zur Nut im Wellenende zeigt. Zuvor reinigt man die Wellenenden und die Nuten. Die Keile werden eingesteckt, leicht eingeschlagen und mit Unterlegscheiben und Muttern versehen. Dann zieht man die Muttern an, wobei die Keile zwischendurch solange nachgeschlagen werden, bis die Muttern nicht mehr nachgezogen werden können. Eine nur lose gewordene Tretkurbel wird in der gleichen Weise festgemacht. Man schlägt den Keil tiefer und zieht die Mutter nach. Gelingt dies nicht, muß ein Ersatzkeil beschafft und notfalls sogar die Tretlagerwelle erneuert werden.

Die **keillose Tretkurbellagerung** verwendet konische Vierkantenden an der Tretlagerwelle, auf denen die entsprechend geprägten Tretkurbeln sitzen. Runde Verschlußmuttern, aber auch Sechskantmuttern oder -schrauben mit Staubschutzdeckel zum Abschluß halten die Tretkurbeln gegen seitliches Abwandern. Die Tretkurbeln werden im Werk fest aufgedrückt und sind ohne Abziehwerkzeug kaum zu entfernen. Das Werkzeug wird in der dafür gedachten Gewindebohrung in der Tretkurbel angesetzt. Zuvor entfernt man mit diesem Werkzeug die Sechskantschraube oder -mutter, falls die Tretkurbel damit gehalten wird. Doch sollte möglichst eine Werkstatt bemüht werden. Allzuleicht wird das Antriebsrad verbogen, wenn ohne Abzieher versucht wird, eine Tretkurbel mit keiloser Befestigung abzuschlagen.

An der rechten Tretkurbel ist das Antriebskettenrad entweder fest mit der Kurbel verbunden oder an einem an der Kurbel fest angebrachten drei- oder fünfarmigen Stern festgeschraubt. Bei Kettenschaltungen und auch bei Leichtmetallausführungen sind Schrauben üblich.

Bei einen Sturz mit dem Fahrrad kann eine Tretkurbel verbogen werden. Auch das Antriebsrad kann dabei leiden. Tretkurbeln lassen sich jedoch richten. Man unterstützt die Kurbel so, daß die Verbiegung zurückgeschlagen werden kann. Bei der rechten Kurbel mit fest angebrachtem Kettenrad lohnt sich die Mühe aber nur, wenn das Kettenrad unversehrt blieb. Ein Befestigungsstern kann ebenfalls gerichtet werden. Das Richten eines verbogenen Antriebsrades sollte jedoch vermieden werden: Die Kette verschleißt sonst zu schnell.

Wenn Tretkurbeln erneuert werden müssen, ist neben der Befestigungsart der Abstand zwischen Achsenmitte und Pedalmitte zu beachten. Der Handel hält verschiedene Längen bereit, die natürlich an der linken und rechten Kurbel gleich sein müssen. Darüber hinaus muß bei der rechten Kurbel der Abstand von Mitte Rahmen bis Mitte Antriebsrad entsprechend der Fahrradkonstruktion erhalten bleiben. Der Fachmann nennt dies die »Kettenlinie«. Sie mißt je nach Konstruktion zwischen 39 und 43,5 mm, wobei eine Abweichung vom jeweiligen Maß bis zu 1 mm in beiden Richtungen toleriert werden kann.

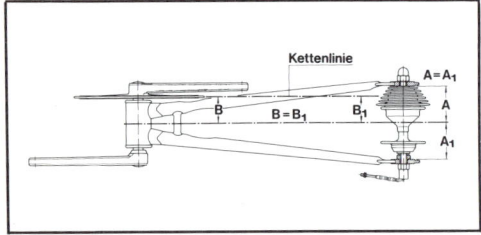 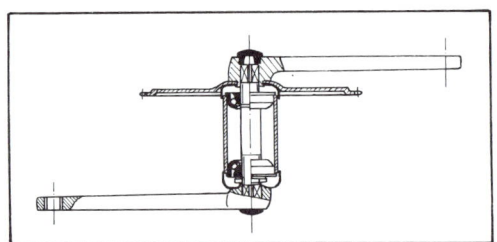

*153 Die Kettenlinie ist im Fahr-
rad vorbestimmt.*

154 Das Glockenlager.

Tretlager gibt es in verschiedenen Varianten, aber nur in zwei Breiten: 68 und 70 mm. Diese Maße entsprechen den Tretlagermuffen im Rahmen. Wenn Tretlager und Muffe in der Breite nicht zusammenpassen, kann die Lagerung durchweg nicht richtig eingestellt werden.

In Tourenrädern wird am häufigsten das **Glockenlager** verwendet. Es hat seinen Namen von zwei glockenförmigen Abdeckschalen, die auf beiden Seiten die Tretlagermuffe überdecken. Die Schalen dienen als Schutz für die Kugellager vor Wasser und Schmutz. Die Tretkurbeln sind mit konisch zulaufenden Vierkanten befestigt. In die Tretlagermuffe sind links und rechts Konuslagerschalen eingedrückt, die mit je neun von Käfigen gehaltenen oder lose eingelegten Kugeln gefüllt sind. Die Kugeln haben einen Durchmesser von 6,35 Millimetern.
Die Tretlagerachse hat rechts einen Festkonus, der entweder auf ein schwergängiges Gewinde aufgeschraubt oder als Teil der Welle aus einem Stück gefertigt ist. Mit diesem Festkonus wird die vorbestimmte »Kettenlinie« garantiert. Der Stellkonus zum Einstellen des Lagerspiels befindet sich links. Vor ihm ist eine Nasenscheibe angeordnet, wobei eine Gegenmutter diese Scheibe an den Stellkonus drückt und die Einstellung kontert. Die Gegenmutter hat einen Sechskant für 25 oder 27 mm Schlüsselweite, an den ein Gabelschlüssel oder ein verstellbarer Schraubenschlüssel angesetzt werden kann. Allerdings: Die Gegenmutter befindet sich unter der linken Abdeckschale. Sie läßt sich nur zusammen mit der linken Tretkurbel lösen, der – wie schon gesagt – ohne Abzieher kaum beizukommen ist.

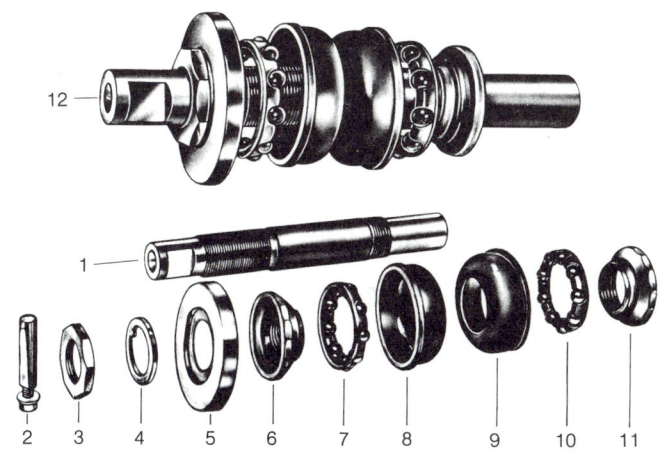

155 Das Thompson-Tretlager in Einzelteilen.

1 = Achse, 2 = Kurbelkeil, 3 = Kontermutter, 4 = Nasenscheibe, 5 = Staubkappe, 6 = linker Konus, 7 = Kugelring, 8 = Lagerschale, 9 = Lagerschale, 10 = Kugelring, 11 = rechter Konus, 12 = Achse komplett dargestellt.

Das Thompson-Tretlager ähnelt dem Glockenlager. Die eingedrückten Konuslagerschalen, der Fest- und der Stellkonus, auch die neun Kugeln finden sich wieder, die Abdeckschalen sind mindestens ähnlich. Die Tretkurbel wird jedoch mit Keilen befestigt. Und schließlich sitzt die Sechskantmutter vor der linken Abdeckschale. Durch Rechtsdrehung (also Uhrzeigersinn) kann sie gelöst werden. Nach dem Zurückziehen der Abdeckschale und mit ihr der Nasenscheibe kann der Stellkonus verstellt werden. Dazu ist allerdings ein Spezialschlüssel erforderlich, auf den jedoch verzichtet werden kann, wenn zuvor die mit einem Keil befestigte linke Tretkurbel abgebaut wurde. Nach dem Abdrehen der Sechskantmutter werden die Nasenscheibe und die Abdeckschale abgezogen. Dann kann der Stellkonus mit einer Rechtsdrehung geöffnet oder mit einer Linksdrehung angezogen werden. Um das Spiel einzustellen, wird der Konus soweit zugedreht, daß ein Reibungswiderstand im Lager entsteht. Dann öffnet man den Konus genau so weit, daß der Widerstand verschwindet. Das Lager läßt sich jetzt leicht, aber spielfrei drehen. Das muß auch so bleiben, wenn Abdeckschale und Nasenscheibe aufgeschoben und die Sechskantmutter angezogen sind. Sonst wird der Stellkonus erneut geöffnet oder angezogen.

1 = öffnen
2 = schließen

156 Hier wird das Lagerspiel eingestellt.

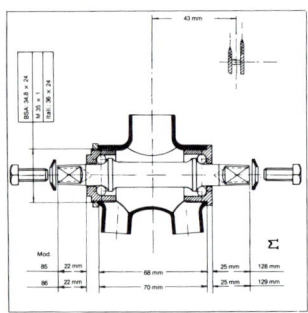

157 Das BSA-Lager hat konische Vierkante an beiden Achsenden.

Der **Stellkonus** ist an zwei oder mehr Stellen abgeflacht, so daß man ihn mit einem Schraubenschlüssel oder einer Wasserpumpenzange bewegen kann. Es gibt auch Stellkonen mit zwei Nuten. Sie werden mit einem Spezialschlüssel oder mit einem Schraubendreher bewegt, auf den man vorsichtig mit einem Hammer schlägt.

Soll ein solches Lager überholt werden, so kann die Tretlagerwelle nach dem Entfernen des Stellkonus nach rechts herausgezogen werden. Zuvor muß die Kette vom Antriebsrad entfernt und der meist vorhandene Kettenschutz abgebaut sein. Die Kugelkäfige oder die Einzelkugeln werden auf beiden Seiten entnommen. Jetzt reinigt man die Teile und untersucht sie auf mögliche Schäden. Sind Konen, Konuslagerschalen oder Kugeln defekt, werden sie ersetzt. Die Lagerschalen werden von der entgegengesetzten Seite aus von innen durch die Tretlagermuffe hindurch herausgeschlagen. Wie die Lagerschalen im Lenkkopfrohr (Bild 69 Seite 35), werden auch die Lagerschalen im Tretlager eingetrieben. Danach fettet man die Lagerschalen und legt den rechten Kugelkäfig oder die Einzelkugeln ein. Bei Kugelkäfigen muß die offene Käfigseite immer zum Konus hinzeigen. Nach dem erneuten Fetten wird die Tretlagerachse von rechts eingeschoben. Nun folgt die Montage des Lagers links mit Kugeln, Stellkonus, Abdeckschale, Nasenscheibe und Mutter und schließlich das Anbringen der Tretkurbeln.

Das **BSA-Tretlager** wird häufig bei Sport- und Rennsporträdern verwendet, es hat häufig keine Keile. Die Welle ist mit konischen Vierkanten versehen, von denen die Tretkurbeln nur mit einem Abziehwerkzeug entfernt werden können. Im Gegensatz zum Glocken- oder Thompson-Lager sind die Konen des BSA-Tretlagers gemeinsam mit der Welle aus einem Stück gefertigt. Dafür sind die Lagerschalen in die Tretlagermuffe eingeschraubt, wobei die linke Lagerschale einstellbar ist. Die Tretlagermuffe hat dazu ein Innengewinde, worin die rechte Lagerschale mit Linksgewinde und die linke Lagerschale mit Rechtsgewinde eingeschraubt ist. Entsprechend lassen sich die Lagerschalen herausdrehen. Die rechte Lagerschale ist nicht einstellbar. Sie wird mit ihrem Bund fest gegen die Stirnfläche der Tretlagermuffe angezogen und gewährleistet so den exakten Verlauf der »Kettenlinie«. Zum Anziehen oder Herausschrauben besitzt die rechte Lagerschale zwei Abflachungen am Umfang, an denen ein großer Gabelschlüssel, ein verstellbarer Schraubenschlüssel oder eine Wasserpumpenzange angesetzt werden kann. Die ohne Bund ausgebildete linke Lagerschale hat auf der Stirnseite Sacklochbohrungen. An diesen Bohrungen greift man mit einem Zapfenschlüssel an und stellt durch Drehen nach rechts oder links das Lagerspiel ein. Wer einen solchen Schlüssel nicht im Werkzeugkasten hat, kann auch zwei Schraubendreher in zwei Löcher schieben und die Lagerschale damit verdrehen. Mit ihrem Außengewinde ist die linke Lagerschale in die Tretlagermuffe eingeschraubt. Um das eingestellte Lagerspiel beizubehalten, ist auf das Lagergewinde ein Gewindering aufgedreht, der gegen die Tretlagermuffe gekontert wird. Der Rand hat am Umfang Nuten, an denen ein Hakenschlüssel angesetzt werden kann. Mit leichten Hammerschlägen auf einen an einer Nut angesetzten Schraubendreher kann der Gewindering aber auch ohne Hakenschlüssel geöffnet oder gekontert werden. Der Schraubendreher sollte dann aber einen Plastikgriff besitzen.

Im BSA-Tretlager befinden sich auf beiden Seiten Kugelkäfige mit je sieben Kugeln, Durchmesser 6,35 mm. Beim Überholen werden zuerst alle Teile gereinigt und dann auf Verschleiß untersucht. Waren aber noch Einzelkugeln eingebaut, sollte man sie wegen der leichteren Montage durch Kugelkäfige ersetzen. Natürlich müssen defekte Teile ausgetauscht werden, was meistens aber zur Anschaffung einer neuen Lagerung führt. Vor dem Zusammenbau sind die Kugelkäfige zu fetten. Danach wird zuerst die rechte Lagerschale von Hand eingedreht und mit Werkzeug festgezogen. Auf das längere Ende der Tretlagerwelle schiebt man einen Kugelkäfig auf, wobei die offene Käfigseite zum Konus der Welle zeigen muß. Nun schiebt man die Welle von links durch die Tretlagermuffe hindurch, bis die Kugeln in der rechten Lagerschale anstoßen. Danach wird der linke Kugelkäfig aufgeschoben, wobei auch hier die offene Käfigseite zum Konus der Welle zeigen muß. Nach dem Einschrauben der einstellbaren linken Lagerschale und dem Aufschrauben des Gewinde-

158 Das Lagerspiel am BSA-Lager wird durch Verdrehen der Lagerschale erreicht. Für Maulschlüssel steht eine Anflachung, für Stiftschlüssel Sacklöcher zur Verfügung. Im Bild oben die Keilbefestigung, unten die keillose Kurbelarmbefestigung.

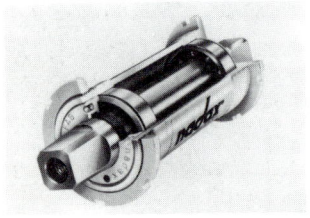

159 Das »nadax-Favorit«-Tretlager . . .

ringes kann das Lagerspiel eingestellt werden. Zu diesem Zweck stellt man die Lagerschale so fest ein, daß die Tretlagerwelle spürbar schwer dreht. Jetzt kontert man den Gewindering, und danach müßte sich die Tretlagerwelle leicht und spielfrei drehen lassen. Andernfalls muß die Einstellagerschale erneut geöffnet werden. Das Einstellen des BSA-Tretlagers ist auch möglich, ohne die linke Tretkurbel abzubauen. Denn das Demontieren der Tretkurbeln am BSA-Tretlager ist schwierig: Durchweg werden keine Keile verwendet, und somit können die Kurbeln ohne Abziehwerkzeug kaum abgebaut werden.

Die rechte Lagerschale und der Gewindering auf der linken Lagerschale müssen recht fest angezogen werden. Besonders bei Fahrrädern mit Rücktrittbremse lockert sich das BSA-Tretlager sonst gern durch die häufigen Rücktrittbewegungen. Doch noch etwas zum Ersatzteilkauf: Leider gibt es auch hier wieder verschiedene Gewindeausführungen. Sie unterscheiden sich hauptsächlich durch Links- oder Rechtsgewinde, weshalb die defekten Teile zum Ersatzteilkauf mitgenommen werden müssen. Obendrein weiß man bei der Demontage nicht, ob nach links oder rechts geöffnet werden muß. Es kommt also auf einen Versuch an. Beim ersten Mal sollte man im Uhrzeigersinn drehen. Wenn das klappt, handelt es sich um ein Linksgewinde.

Das **nadax-Favorit-Tretlager** paßt auch in Tretlagermuffen, die für BSA-Lager mit Innengewinde ausgerüstet sind. Dabei handelt es sich um eine einbaufertige Tretlagereinheit in Leichtbauweise für Sport- und Rennräder gleichermaßen. Das Tretlager hat einen Mantel aus Leichtmetall. Die Welle besteht aus rostfreiem Stahl, und als Lager sind zwei spielfrei eingestellte Präzisionskugellager eingebaut. Alles dies bildet eine Einheit, die von der rechten Radseite in die Tretlagermuffe eingeschoben und dort festgezogen wird. Dafür ist der Bund des Mantels genutet. Ein Spezialschlüssel – auch Hammer und Schraubendreher – sorgen für den sicheren Halt. Die Kontermutter auf der linken Mantelseite hält den Mantel in der Tretlagermuffe, verändert aber nicht das voreingestellte Lagerspiel. Obwohl das Lager von Hause aus eingestellt ist, kann es geringfügig nachgestellt werden. Lebensdauer-

80

  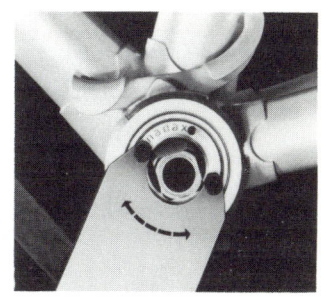

schmierung, rostfreie Ausführung und die Verwendung von Kugellagern machen eine Wartung überflüssig. Die Tretkurbeln sind ohne Abziehwerkzeug auch kaum zu demontieren.

Für BSA- und nadax-Lager muß in der Tretlagermuffe stets ein Gewinde vorhanden sein. Wenn man Glockenlager durch derartige Lager ersetzen will, kann man sich ein solches Gewinde in der Fahrradwerkstatt nachschneiden lassen.

160 . . . wird mit Linksgewinde in die Tretlagermuffe eingeschraubt . . .

161 . . . und mit Rechtsgewinde gekontert.

162 Ein Lager läßt sich nachstellen.

Die Pedale

Früher wurden Pedale sogar repariert, heute hingegen sind Einzelteile dafür kaum zu bekommen. Zudem werden die Pedale so rationell hergestellt, daß sie nicht sehr teuer sind.

Damit sich die Pedale beim Fahren nicht losdrehen, wird das linke Pedal mit Links- und das rechte mit Rechtsgewinde fest in die Tretlagerkurbeln eingeschraubt, und zwar mit einem Gabelschlüssel SW 15, der an der abgeflachten Pedalachse angesetzt wird. An den Stirnseiten der Pedalachsen oder auch seitlich ist L für links und R für rechts eingeprägt. Dies erleichtert die Montage. Allerdings muß darauf geachtet werden, daß die Einschraubgewinde an den neuen mit denen an den alten Teilen übereinstimmen. Üblich ist ein Außendurchmesser der Gewinde von 14,2 mm. Es gibt aber auch Pedale mit Durchmessern von $\frac{1}{2}''$ oder M 14 × 1,25 an den Gewinden.

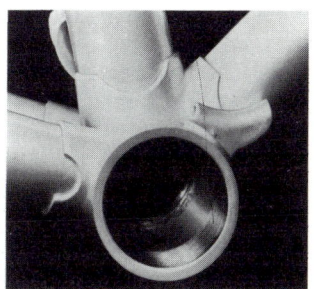

163 Dieses Gewinde kann auch ein Fahrradhändler einschneiden.

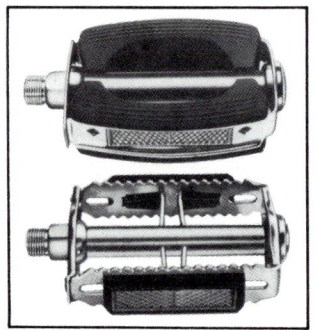

164 Touren- und Sportpedale *(oben) und Rennsportpedale sind in vielen Ausführungen im Handel.*

Unter der großen Zahl der angebotenen Pedale unterscheidet man zwei Hauptgruppen: Touren- und Sportpedale einerseits und Rennsportpedale (Rattrap) andererseits. Dabei sind die Grenzen nicht immer klar erkennbar. Beide Typen müssen aber Rückstrahler haben. Von dieser Bestimmung sind nur Pedale an Spielzeugrädern ausgenommen.

Die **Pedale** an Rennrädern haben häufig Rennhaken. Sie verhindern, daß der Fuß beim Treten nach vorn rutscht. Auch wird erreicht, daß der Fußballen an der Pedale angreift, was beste Kraftausnutzung bedeutet. Rennhaken können oftmals auch nachträglich selbst an Touren- und Sportpedalen angebaut werden.

Bereifung, Schlauch, Ventil

165 Rennhaken verhindern das *Verrutschen der Füße auf den Pedalen.*

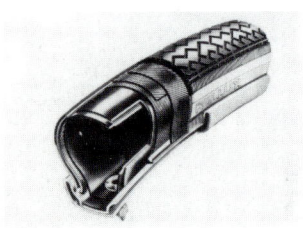

166 So ist ein Fahrradreifen aufgebaut.

Die Bereifung am Fahrrad dient in erster Linie dem Fahrkomfort. Die jahrzehntelange stetige Weiterentwicklung verhalf dem heute üblichen Fahrradreifen mit Drahtkerneinlage zu seiner Bedeutung. Für jeden Fahrradtyp gibt es die optimale Felge und den dazu passenden Reifen. Über die Abmessungen ist auf Seite 37 schon das Wesentliche erläutert worden. Mit den Abmessungen und der Form des Reifens hängt auch der Luftdruck zusammen. So braucht der Reifen eines Sportrades mit den Kennzahlen 47-559 ($26 \times 1,75 \times 2$) einen Luftdruck von 1,8 bis 2 bar. Ein Rennradreifen 25-622 ($28 \times 1 \times 13,4$) benötigt ungefähr 7 bar. Mit höherem Druck sinkt der Rollwiderstand, aber auch die Federung wird härter, der Fahrkomfort also geringer. Wie der Reifen beim Auto, muß auch der Fahrradreifen auf der Fahrbahn haften. Darum haben die Reifen auf ihrer Lauffläche ein Profil. Wo das Laufprofil zur Seitenwand übergeht, haben Reifen häufig ein Rändelprofil, damit die Antriebsrolle des Dynamo auch bei nasser Witterung angetrieben wird.

Seit geraumer Zeit sind »Sicherheits-Leuchtreifen« im Handel. Sie haben ebenfalls Drahtkerneinlagen. Die Besonderheit ist, daß auf beiden Seiten Streifen mit reflektierendem Material einvulkanisiert sind. Schon aus über 150 Metern Entfernung werfen solche Reifen Scheinwerferlicht strahlend hell zurück. Die Reflexmaterialien sind langlebig und pflegeleicht. Die persönliche Sicherheit stellt aber jeden anderen Vorteil in den Schatten.

Weniger pflegeleicht sind Fahrradreifen selbst. Mangelnder Reifendruck erhöht den Rollwiderstand und somit den Verschleiß. Auch wächst die Gefahr, daß Steine, Kanten oder andere Unebenheiten beim Überfahren auf die Felge durchschlagen. Zudem leidet die Fahrsicherheit, weil das Rad »schwimmt«.

167   Rollux-Sicherheitsleuchtreifen reflektieren Scheinwerferlicht aus weit über 150 Metern.

Reifen an Touren- und Sporträdern werden nach Gefühl aufgepumpt. Zur Kontrolle drückt man mit dem Daumen in die Lauffläche. Wenn dies nur schwer möglich ist, kann das Aufpumpen beendet werden. Für Rennradreifen, die einen höheren Druck brauchen, gibt es spezielle Luftpumpen. Öl, Benzin und starke Laugen sind geradezu tödlich für Reifen. Normaler Verschleiß und zersetzende Stoffe in der Umwelt begrenzen die Lebensdauer des Reifens ohnehin.

Der luftgefüllte Schlauch verleiht dem Reifen seine Stabilität. Die qualitativ besseren Schläuche sind ringförmig endlos hergestellt. Sie schmiegen sich exakt an Felge und Reifen an. Billigere Schläuche sind aus flach hergestelltem Schlauchmaterial herausgeschnitten und an ihrer Verbindungsstelle überlappend verklebt, was den Nachteil hat, daß sich beim Montieren Falten am Schlauch bilden können.

Die Reifengröße ist auch auf dem Schlauch aufgedruckt. Im Schlauch ist der Ventilkörper eingeklemmt oder einvulkanisiert und kann nicht ausgewechselt werden. Zu ihm passen die verschiedenen Ventiltypen:

Das **Dunlop-Ventil** ist das am weitesten verbreitete Luftventil für Fahrräder. Bei diesem Typ wird der Ventilkegel in den Ventilkörper eingesteckt und mit einer Überwurfmutter gehalten. Das Ventilkegelende beginnt zylindrisch und hat in der Mitte einen Wulst. Der Ventilkegel hat eine Innensacklochbohrung und vor dem zylindrischen Kegelende eine seitliche Bohrung. Über Kegelende und Wulst ist ein kurzes Stück Ventilschlauch geschoben. Es hindert die Luft im Schlauch daran, durch die seitliche Bohrung zu entweichen. Beim Reifenaufpumpen allerdings muß die

168   Den Reifendruck prüft man durch die Daumenprobe.

83

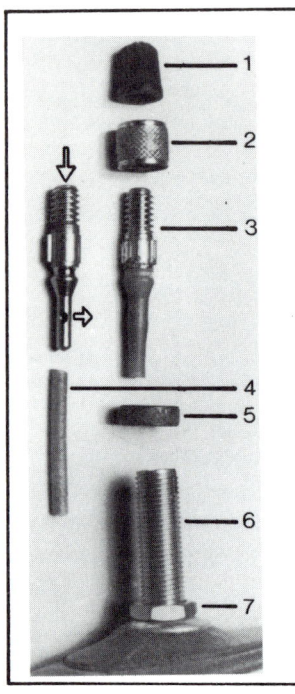

1 Staubkappe
2 Überwurfmutter
3 Ventilkegel
4 Ventilschlauch
5 Felgenmutter
6 Ventilkörper
7 Sechskantmutter

169 Mit dem Dunlop-Ventil läßt sich der Reifen nur mühsam aufpumpen.

Vorspannung des Ventilschlauches mit jedem Pumpenstoß überwunden werden, was um so mehr Mühe macht, je stärker der Druck wird. Wegen des kurzen Stückes Ventilschlauch erhielt dieser Ventiltyp auch den Beinamen »Schlauchventil«.

Der **Ventilkörper** nimmt problemlos sogenannte Schnellventile auf. Sie sind als Alligator-Blitzventile und als EHA-Atomventile im Handel. Der Ventilkörper des Dunlop-Ventils paßt in das Ventilloch der Felge mit 8,3 mm Durchmesser.

Das **Sclaverand-Ventil** wird für Hochdruckreifen an Rennsporträdern verwendet. Vereinzelt findet man es auch bei Normalrädern, weil dieser Ventiltyp außerhalb Deutschlands häufiger verwendet wird. Das Sclaverand-Ventil paßt in Felgen mit Ventillöchern von 6,2 mm Durchmesser. Beim Kauf der Schläuche ist darauf zu achten, daß der Ventilkörper die richtige Länge hat. Entsprechend den verschiedenen Felgenprofilhöhen wird das Sclaverand-Ventil mit unterschiedlichen Ventilkörperlängen gebaut. Zum Reifenfüllen wird die Ventilkappe abgenommen und die Rändelmutter gelöst.

Das **Schrader-Ventil** wird üblicherweise nur bei motorisierten Fahrzeugen verwendet. Mit der »High-Riser«-Mode kam auch dieses Ventil zum Fahrrad. Der Ventileinsatz ist zum Einschrauben gebaut, wobei die als Schlüssel geformte Spitze der Ventilkappe den Schraubenschlüssel ersetzt.

Das **Felgenband** schützt den Luftschlauch vor den Speichennippelköpfen. Das Band ist endlos aus elastischem Gummi gefertigt und im Durchmesser etwas kleiner als der Felgenboden. Zum Durchstecken des Ventilkörpers durch das Felgenloch ist auch im Felgenband ein Loch vorhanden. Es ist mit einem aufgeklebten Verstärkungsring gegen Ausreißen geschützt.
Wenn der Luftdruck schon kurz nach dem Aufpumpen nachläßt oder entschwunden ist, sollte man zuerst das Ventil untersuchen. Die Überwurfmutter – am Sclaverand-

Ventil die Rändelmutter – muß fest angezogen sein. Ob das Ventil dann »abbläst«, läßt sich leicht nach der Uralt-Methode mit dem Tropfen Spucke feststellen, der mit dem Finger auf die Ventilöffnung getippt wird. Beim Dunlop-Ventil kann der Ventilschlauch spröde oder gerissen sein. Man ersetzt den Schlauch oder den ganzen Ventilkegel, dann aber gegen Schnellventile. Die Alligator-Blitzventile wie auch die EHA-Atomventile sind sehr zuverlässig. Dennoch können sie ausfallen, und zwar vor allem durch Verschmutzung. Wichtig ist deswegen bei allen Ventiltypen, daß die Ventilkappe zum Schutz gegen Staub immer wieder aufgedreht wird. Bei undichten Schnellventilen bläst man das ausgebaute Ventil mehrmals von der Füllseite aus durch. Wird es dennoch nicht dicht, muß es ausgetauscht werden. Sclaverand- und Schrader-Ventile können im ausgebauten Zustand nur abgeblasen werden. Eine Staubverunreinigung wird sich dabei lösen. Wenn das nicht hilft, muß der defekte Ventileinsatz erneuert werden.

War es nicht das Ventil, dann ist der Schlauch defekt. Man untersucht zuerst den Reifen äußerlich auf sichtbare Schäden. In den meisten Fällen muß das Rad ausgebaut werden. Dazu wird am Ventilkörper die Überwurfmutter

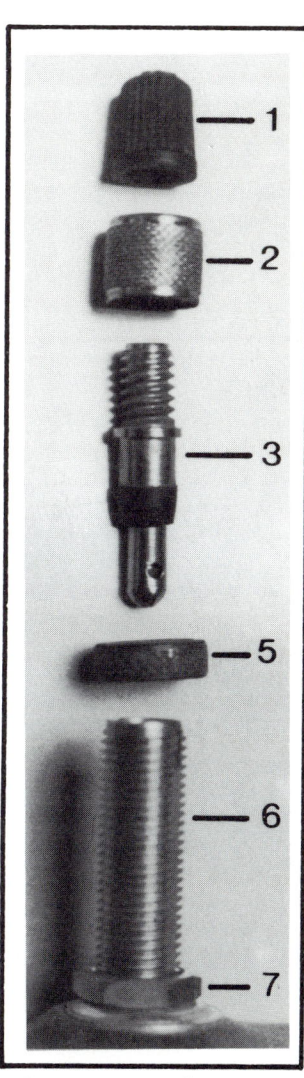

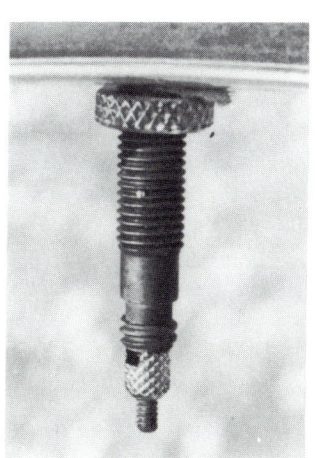 

171 Das Sclaverand-Ventil ist ebenfalls als Schnellventil ausgebildet. Zum Aufpumpen wird die Rändelmutter gelöst (rechtes Bild).

1 Staubkappe; 2 Überwurfmutter; 3 Alligator-Blitzventil; 5 Felgenmutter; 6 Ventilkörper; 7 Sechskantmutter
170 Leichter geht es mit sogenannten Schnellventilen.

85

172 So löst man den Reifen vom Felgensitz.

abgedreht, das Ventil entnommen und die Rändelmutter ganz abgeschraubt. Mit beiden Händen packt man dann das Rad und drückt beide Reifenseiten zur Felgenmitte hin. Dadurch wird der Reifen an einer Stelle so in den mittleren Felgenboden dirigiert, daß er auf der gegenüberliegenden Seite beginnt, sich an den Felgenseiten anzuheben. Dort greift man dann den Reifen in der Mitte und an einer Seite und hebt ihn mit dieser einen Seite über die Felgenwand hinweg nach außen. Dies wiederholt man, bis der Reifen an einer Seite frei ist. Nun zieht man den Schlauch heraus, schiebt das Ventil mit Schlauch von außen in den Reifen hinein und entnimmt Schlauch und Ventil aus dem Reifen.

Nicht immer gelingt das Abnehmen der Reifenseite so einfach von Hand. Der Fachmann verwendet zwei Montiereisen, die mit etwa 20 cm Abstand zwischen Felgenrand und Reifen eingedrückt werden. Er biegt sie nacheinander über dem Felgenrand ab und hängt ein Ende in einer Speiche ein. Mit dem zweiten Montiereisen fährt er einmal um die Felge herum und löst so den Reifen vom Felgensitz. Anstelle der Montiereisen können auch die Griffe von Löffeln verwendet werden, keinesfalls aber Schraubendreher, weil der Schlauch unvermeidlich angestochen wird. Überhaupt ist es beim Arbeiten mit Montagehilfen wichtig, nicht zu tief zwischen Reifen und Felgenrand einzustechen.

Der Reifen muß nicht unbedingt von der Felge genommen werden. Allerdings läßt sich ein abgenommener Reifen leichter auf Beschädigung oder Fremdkörper untersuchen. Zum Abnehmen muß auch die andere Seite des Reifens über die Felge gehoben werden – natürlich in der gleichen Richtung wie die bereits abgehobene Seite.

Ein Loch, das durch Einstich verursacht wurde, schließt sich meist, wenn der Nagel, das Stück Draht oder der dornige Ast herausgezogen wurden. Größere Einstiche oder Schnitte müssen von innen mit einem Flicken verschlossen werden, der genauso aufgeklebt wird wie beim Schlauch. Größere Löcher oder Einschnitte, brüchiger Gummi, geknickter oder gebrochener Draht in den Reifenseiten, abgefahrener oder seitlich stark abgenutzter Reifen –, das sind Gründe für einen Neukauf. Einem normal abgenutzten Reifen fehlt die ausreichende Profilstärke.

173 Nun wird der Reifen über die Felgenwand gehoben.

Seitlich extreme Abnutzungen können von falsch eingestellten Felgenbremsen oder der falsch angreifenden Dy-
namorolle herrühren. Ein solcher Fehler muß natürlich
gleich mitbehoben werden.

Um eine **Beschädigung am Schlauch** zu finden,
schraubt man das Ventil wieder zusammen und pumpt
leicht auf. Wenn man den Schlauch danach in geringer
Entfernung an den Lippen entlangführt, erkennt man
schon meistens die Schadstelle. Sicherer aber ist es, den
Schlauch durch Wasser zu ziehen, beispielsweise in einem Waschbecken oder in einer Schüssel. An der oder
den undichten Stellen steigen Luftblasen auf. Diese Stellen markiert man mit einem Kopierstift oder Kugelschrei-
ber. Dann läßt man den Schlauch trocknen, weil die nasse
Oberfläche nicht repariert werden kann.

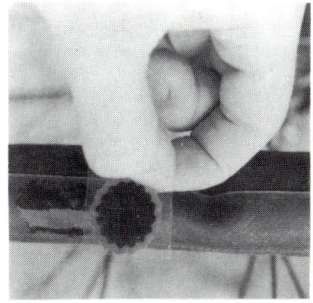

*174   Ein Schlauch ist schnell ge-
flickt. Hierzu muß das Rad nicht
unbedingt ausgebaut werden.*

Früher glaubte man, daß der Schlauch zum Reparieren
luftleer sein müsse. Tatsächlich aber läßt sich ein leicht
aufgeblasener Schlauch besser handhaben. Auch wird
die Klebestelle von Anfang an spannungsfrei hergestellt:
Der Schlauch mit seinem Flicken ist später auch aufgepumpt. Eine größere Beschädigung kann allerdings nur
am luftleeren Schlauch repariert werden, weil er die Luft ja
nicht hält.
Das Vulkanisiermaterial gibt es im Fahrradhandel. Man
wählt den Flicken so groß, daß die Schadstelle rundum etwa einen Zentimeter überdeckt wird. Mit einem Kugel-
schreiber zeichnet man die Flickengröße auf dem
Schlauch auf. Diese Fläche wird aufgerauht, wozu manchen Reparatursets eine Reibfläche beigegeben ist.
Schleifpapier tut es aber auch. Der Abrieb wird mit einem
sauberen, trockenen Tuch abgewischt. Auf die markierte
Fläche trägt man Vulkanisiermittel auf und verteilt es
gleichmäßig. Nach etwa 10 Minuten – je nach Umge-
bungstemperatur weniger oder mehr – überprüft man mit
dem Fingerrücken, ob der Kleber berührungstrocken ist.
Vom Flicken zieht man die Schutzschicht ab. Danach legt
man die Klebeseite des Flicken auf die mit Vulkanisiermittel eingestrichene Schlauchstelle und drückt kräftig an.
Man kann ihn auch festklopfen. Dabei muß aber die Unterlage wie auch das Klopfwerkzeug (Hammer, Gummi- oder
Plastikhammer, Klopfholz) glatt und eben sein, damit der

Schlauch keine neue Beschädigung erhält. Sofern der Flicken auch auf seiner Außenseite eine Abdeckfolie hat, zieht man sie jetzt ab. Der Flicken verbindet sich mit dem Schlauch ohne Hitze, aber am besten unter Druck im Reifen. Deswegen setzt man die Bereifung wieder zusammen.

Mit etwas Talkum werden klebrig gewordene Schläuche und Reifen wieder brauchbar. Doch schadet es nicht, etwas Talkum auch an noch intakte Teile zu geben. Talkum erhält man in Drogerien.

Beim Zusammenbauen wird der Reifen mit einer Seite über die Felge gehoben. Dann steckt man den Ventilkörper durch das Felgenband und das Ventilloch in der Felge, dreht die Felgenmutter lose auf und montiert den Ventileinsatz. Anschließend füllt man den Schlauch mit einigen wenigen Pumpenstößen, wodurch er sich leicht in den Reifen heben läßt, ohne sich dabei zu verdrehen. Danach hebt man die zweite Reifenseite mit beiden Händen über den Felgenrand, wobei es angebracht sein kann, etwas Luft aus dem Schlauch herauszulassen. Die Felgenmutter am Ventil wird jetzt festgezogen. Wichtig ist, daß der Ventilkörper aus dem Ventilloch senkrecht herausragt. Wenn nicht, muß der Reifen nochmals geöffnet und der Schlauch seitlich verschoben werden. Der Schlauch wird zuerst halb aufgepumpt. Dann überprüft man, ob der Reifen auch rundum in der Felge sitzt. Nun wird voll aufgepumpt. Nach dem Montieren des Rades mit allem, was dazugehört, kann man die Fahrt fortsetzen.

Wenn man weiß, wo das Leck ist, kann man den Schlauch ohne Radausbau flicken. Das ist besonders unterwegs wichtig. Wieder öffnet man das Ventil einschließlich Felgenmutter, drückt den Reifen von beiden Seiten nach innen und hebt eine Reifenseite wie beschrieben über eine Felgenseite. Dann wird der Schlauch herausgezogen, leicht aufgepumpt und mit einem Flicken repariert. Sofort baut man das Rad zusammen und fährt weiter. Möglich ist das natürlich nur, wenn das Flickzeug nicht zuhause liegt.

Kettenschutz

Der Name ist eigentlich nicht passend, denn der **Kettenschutz** schützt vor allem den Fahrer vor der Kette. Denn sonst würde sich das rechte Hosenbein allzuleicht zwischen Kette und Antriebsrad verfangen. Um das zu verhindern, wird die Kettenschiene aus Blech oder Kunststoff angebracht, die den oberen Kettenstrang fast völlig überdeckt. Die Schiene umgreift die Kette und das Antriebsrad bis zum Auslauf des unteren Kettenstrangs und überdeckt die Kette und die Zähne des Antriebsrades auch von der Seite her. Dieser Schutz macht die Verwendung der Hosenklammern überflüssig. Befestigt ist ein solcher Kettenschutz entweder an zwei am Rahmen angelöteten Haltewinkeln oder nachträglich mit speziell geformten Rohrschellen. Um an die Kette, das Antriebsrad oder das Tretlager heranzukommen, muß der Kettenschutz abgenommen werden. Beim Ersatz sollte ein Kettenschutz gefunden werden, der sich an den gleichen Punkten befestigen läßt. Die Alternative sind Rohrschellen, bei denen man erproben muß, ob die Kette schleift oder anschlägt. Notfalls muß die Lage der Rohrschellen entsprechend korrigiert werden.

175 Dieser Kettenschutz schützt die Kleidung recht gut.

Ein voll geschlossener Kettenschutz hat den Vorteil, daß der Fahrer davor geschützt ist, mit der nicht immer ganz sauberen Kette in Berührung zu kommen, und daß die Kette selbst vor Straßenschmutz geschützt wird. Das ist ein doppelter Vorteil, der sogar die Lebensdauer der Kette wesentlich erhöht. Sollen aber Reparaturen oder Einstellungen an der Kette, am Tretlager oder am Hinterrad vorgenommen werden, dann zeigen sich die Nachteile. Diese Art Kettenschutz wird aus Kunststoff oder Blech hergestellt. Auch gibt es ein Metallgestell, das mit Kunststoffolie bespannt ist. Unter der Bezeichnung »Hollandrad« sind die Fahrräder bekannt, die stets diesen Kettenschutz haben. Für den Abbau kann kein generelles Rezept gegeben werden – zu unterschiedlich sind die einzelnen Fabrikate ausgeführt. Auf jeden Fall stellt man das Fahrrad auf Sattel und Lenker und öffnet die rechte Radmutter sowie einen oder mehrere Druckknöpfe am folienbespannten Kettenschutz. Es gibt Modelle, bei denen ein Verschlußdraht linke und rechte Verschlußspiralen zusammenhält. Andere Ausführungen werden mit einer entsprechend geformten Folienhülle, mit Schiebeschienen oder mit Blechschrauben zusammengehalten. Mit etwas Geduld lassen sie sich auseinandernehmen.

176 Mit einem geschlossenen Kettenschutz werden auch Kette und Kettenräder geschützt.

177 An Fahrrädern mit Ketten-schaltung findet nur noch eine Ket-tenschutzscheibe Platz.

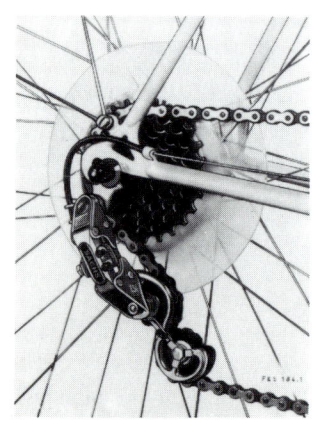

178 Die Speichenschutzscheibe verhindert, daß die Kette in die Speichen gerät.

Fahrräder mit Kettenschaltung haben keinen Kettenschutz dieser Bauart, weil die Kette seitlich wandert und der Kettenumwerfer im Weg ist. Am Antriebsrad ist eine Kettenschutzscheibe angeschraubt, die verhindert, daß sich Kleidungsstücke verfangen. Von der Kette abfliegender Schmutz wird davon nicht aufgehalten. Am Hinterrad sitzt zwischen den Speichen und dem Mehrfachzahnkranz eine Speichenschutzscheibe. Sie verhindert, daß die Kette in die Speichen gerät, falls sie über das höchste Ritzel hinausläuft und herunterfällt.

Die Bremsen am Rad

Daß ein Fahrrad Bremsen haben muß, steht in der Straßenverkehrs-Zulassungs-Ordnung, die uns schon beschäftigte. Paragraph 65 sagt, daß jedes Fahrrad zwei voneinander unabhängige Bremsen aufweisen muß. Wie diese Bremsen konstruiert sind, bleibt weitgehend Sache der Fahrradhersteller. Beim Austausch von Teilen merkt man dies: Nicht an jedem Rad lassen sich andere Bauteile problemlos anbauen.

Bei allen Rädern soll eine **Vorder-** und eine **Hinterrad-bremse** vorhanden sein. Einwandfrei wirkende Bremsen sind nicht zuletzt Voraussetzung für die eigene Sicherheit.

Die billigste, zugleich aber wenig wirksame Bremse ist noch heute an einigen Tourenrädern zu finden. Es handelt sich um die Vorderradgestängebremse, die am unteren Ende einen Gummiklotz hat. Sobald man den Bremsgriff zieht, drückt dieser Gummiklotz senkrecht auf den Reifen. Neben dem Reifen verschleißt der Gummiklotz auch sich selbst. Um ihn zu erneuern, muß das Vorderrad ausgebaut werden.

Der Klotz wird von einer seitlichen Führung in einem Bremsschuh gehalten, der in Richtung Hinterrad offen ist. Somit läßt sich der verschlissene Gummiklotz herausziehen und ein neuer Gummi einschieben. Das geschlossene Bremsschuhende muß nach vorn zeigen, denn sonst wandert der Gummiklotz beim ersten Bremsen aus dem Bremsschuh heraus. Das senkrechte Gestänge ist verstellbar. Etwa in der Mitte – wo der obere Gestängestab in

90

das Gestängerohr ragt – sitzt die Mittelschraube. Diese Schraube wird gelöst. Dann zieht man den Bremsgriff soweit an, daß zwischen Lenkergriff und Bremshebel etwa 40 mm Abstand verbleiben. Parallel dazu wird das Gestängerohr nach oben gezogen, bis der Bremsschuh an der Schutzblechinnenseite anliegt. Diese Einstellung wird durch Festziehen der Mittelschraube fixiert. Mit einer Bremsprobe wird festgestellt, ob der Bremshebel leicht erreichbar ist und ob der Gummiklotz auf den Reifen drückt, ohne daß der Bremshebel am Lenkergriff anliegt. Wichtig dabei ist, daß der Vorderradreifen bei der Prüfung aufgepumpt war. Wenn die Lenkerhöhe verstellt werden soll, muß auch diese Bremse neu eingestellt werden.

179 Sie wirkt nur wenig: Die Vorderradgestängebremse.

Gestängebremsen müssen an ihren zwei Gelenkpunkten hin und wieder geölt werden. Manchmal verrutscht auch die Lenkerschelle, die den Bremsgriff trägt. Dann muß neu ausgerichtet werden, wobei das senkrechte Gestänge parallel zum Lenkerschaft stehen soll.

Eine **Rückholfeder** hebt das Bremsgestänge so an, daß der Gummiklotz nicht auf dem Reifen schleift. Versagt ihre Wirkung, obwohl die Gelenkpunkte im Gestänge frei bewegbar sind, biegt man diese Feder nach. Dazu hebt man das Federende nach oben über den Bremsgriff an und hängt es aus.

Vereinzelt gibt es noch **Gestängefelgenbremsen** an Vorder- und Hinterrädern. Dabei sind linke und rechte Bremsklötze in Metallschuhe gefaßt und je zwei in einen Bremsbügel befestigt. Der Bügel umgreift Reifen und Felge, wobei die Bremsklötze nicht seitlich, sondern links und rechts neben den Speichen auf die Felge wirken. Nur exakt eingestellte Bremsen können wirken. Wichtig ist dabei, daß das Rad in der Bremse frei drehen kann, der Ansprechweg aber möglichst kurz eingestellt ist. Auch müssen die Zapfen der Bremsschuhe in jeder Bremsstellung in ihren Führungshaltern verbleiben.

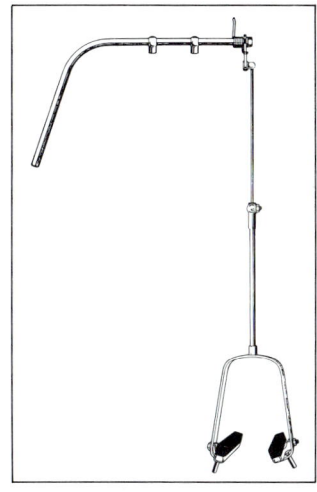

180 Das gibt es auch noch: Die Gestängefelgenbremse.

Die **Kabelzugdruckbremse** hat wie die Gestängebremse einen im Bremsschuh eingeschobenen Gummiklotz. Aufbau und Wirkung solcher Bremsen rechtfertigen aber

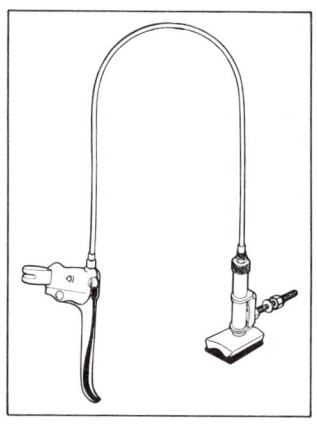

181 Kabelzugdruckbremsen haben nur geringe Wirkung.

kaum ihren Namen. Bei einem neuen Rad und auch oder gerade bei einem Kinderrad sollte man auf den Kauf des Rades verzichten, falls eine derartige Vorderradbremse vorhanden ist. Wer ein solches Rad aber bereits besitzt, sollte bei nächster Gelegenheit eine andere Bremse montieren. Welche das sein kann, muß mit einem Fahrradhändler besprochen werden, weil es dabei auf die Ausführung des Fahrrades ankommt.

Grundsätzlich muß eine Kabelzugdruckbremse bestmöglich gepflegt und eingestellt werden. Wichtig ist, daß sich der Bremsklotz in seiner ungebremsten Stellung möglichst nahe über dem Reifenprofil befindet und daß die gesamte Bremse dabei senkrecht steht. Um das zu erreichen, wird der Haltebügel der Bremse gelöst. Zuerst löst man den Bremsbolzen, der in der Bohrung des Gabelkopfes sitzt. Danach lockert man die Kontermutter, die auf diesem Bolzen den Haltebügel hält. Nun verschiebt man den Haltebügel in seinem Langloch auf dem Bremsbolzen soweit nach unten, daß der Bremsklotz das Vorderrad gerade noch frei drehen läßt. In umgekehrter Reihenfolge zieht man die Muttern wieder fest und achtet dabei auf die senkrechte Lage der Bremse. Wenn der Bremsklotz verschlissen ist, muß das Vorderrad ausgebaut werden. Der Bremsklotz wird nach hinten aus dem Bremsschuh herausgeschoben und ein neuer eingesetzt. Von Zeit zu Zeit ölt man die eingebaute Feder und den Verschiebemechanismus, um die Bremse leichtgängig zu halten. Falls aber der Bowdenzug reißt, sollte Ihre Geduld am Ende sein. Spätestens dann ist eine bessere Bremse fällig.

Technisch einwandfreie Bremsen sind **Rücktrittbremsen** mit eingebautem Freilauf für Hinterräder sowie Trommel- und Felgenbremsen für Vorder- und Hinterräder. Die Rücktrittbremse wurde schon im Zusammenhang mit den Hinterradnaben (Seite 48) beschrieben. Ihre Wirkung – wie auch die von Trommelbremsen – ist bei allen Witterungsverhältnissen gleichbleibend gut. Felgenbremsen dagegen lassen bei feuchter Witterung etwas in ihrer Wirkung nach, was mit einem entsprechend längerem Bremsweg einkalkuliert werden muß.

Trommelbremsen sind mit der Nabe zu einem Bauteil vereint. Sie sind als Stufennaben oder als Vollbremsnaben gebaut und werden über Bowdenzug oder Gestänge betätigt. Eine Nabenseite nimmt die zwei Bremsbacken auf, die genietete oder geklebte Bremsbeläge tragen. Um diese Bremsbacken dreht sich die Bremstrommel. Sobald man die Bremse betätigt, verdreht sich ein Bremsnocken, der die Bremsbacken gegen die Innenwand der Bremstrommel drückt. Eine Zugfeder holt die Bremsbacken zurück, wenn man den Bremshebel losläßt.

Solche Bauteile sind für eine lange Lebensdauer konstruiert. Trotzdem kann es notwendig werden, sie neu einzustellen oder zu überholen. Wie man dabei vorgeht, ist schon unter den Stichworten Radnabe und speziell Hinterradnabe (Seiten 45 und 48) beschrieben worden.

Mit Ersatzteilen kann meist der Fahrradhändler weiterhelfen. Das Einstellen der Trommelbremse kann aber ohne fremde Hilfe leicht allein erledigt werden. Man stellt die Bremsen zunächst so ein, daß sich das Rad nicht mehr drehen läßt. Danach öffnet man sie so weit, daß sich das Rad gerade frei dreht. Die Einstellung wird durch Kontern fixiert, und schon ist man fertig.

Bei **Bowdenzügen** wird an der Stellschraube gedreht, die eine Kontermutter hat, bei einer Gestänge-Mechanik wird die Anschlagmutter am Ende des Gestänges verdreht.

Felgenbremsen sind den Scheibenbremsen an Autos ähnlich. Als »Scheibe« dient die Kastenfelge, die gerade Wände hat. Zwei Bremsklötze befinden sich möglichst nahe an diesen Wänden. Beim Bremsen werden sie gegen die Felge gepreßt, die jedoch bis zum Stillstand noch weiterdreht. Dadurch entsteht ein Druck auf die Bremsbügel, die mit der Felge mitdrehen möchten, was zu unangenehmen Bremsgeräuschen führen kann. Die Vorderradbremse ist dabei stärker belastet als die am Hinterrad, weil sie in Fahrtrichtung vor der Gabel angeordnet ist.

Zwei in ihrer Mitte drehbar gelagerte Bremshebel tragen die Bremsklötze aus Gummi. An den entgegengesetzten Enden greift ein Bowdenzug an, durch den beide Bremsklötze beim Betätigen der Handbremshebel gleichzeitig zusammengezogen werden. Die Bremsklötze sind an den

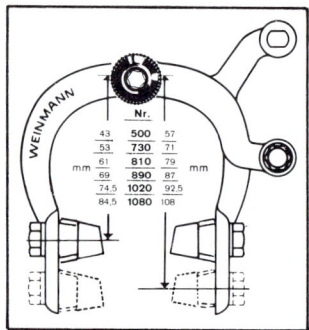

182 Felgenbremsen gibt es in verschiedenen Bauhöhen. Außerdem sind die Bremsklötze in der Höhe verstellbar.

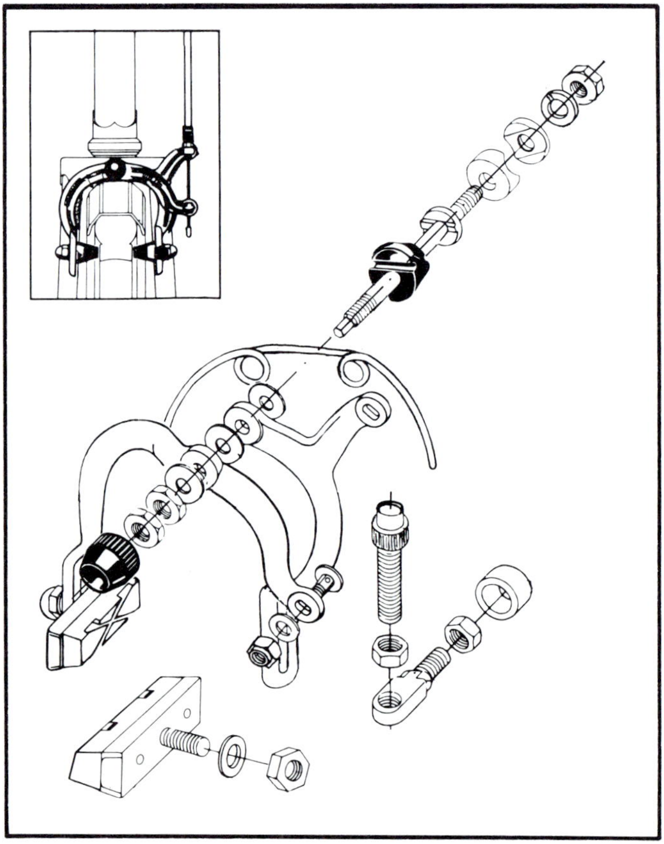

Bremshebeln angeschraubt und dort über Langlöcher in ihrer Höhe verstellbar. Auf diese Weise lassen sich die Bremsklötze so einstellen, daß sie genau auf die seitlichen Wände der Kastenfelge und nicht auf den Reifen wirken. Beim Neukauf einer Felgenbremse ist aber zu beachten, daß es Unterschiede in der Bauhöhe gibt. Sie muß wegen der Bremsgeräusche so gering wie möglich sein. Umgekehrt aber wird eine Bremse für ein Rennsport- oder Sportrad höher sein als die an einem reinen Rennrad, weil die Bremshebel das Schutzblech und den Reifen umgreifen müssen. Man mißt deswegen den senkrechten Abstand

183 Eine Seitenzugbremse mit ihren Einzelteilen.

zwischen der Mitte der Felgenwand und der Befestigungs-
bohrung des Bremsbolzens und sucht beim Kauf eine Felgenbremse, bei der das ermittelte Maß möglichst in der
Mitte des Einstellbereichs liegt.

Drei grundlegend verschiedene Bremssysteme gibt es:
Bei der Seitenzugbremse endet der Bowdenzug mit seiner
Hülle am oberen und mit seinem Seil am unteren Bremshebel. Deshalb greifen die Bremsklötze an der Felge
nacheinander an. Der zweite Bremshebel wird erst dann
bewegt, wenn der erste Bremsklotz gegen die Felgenwand drückt. Danach ist die Bremswirkung wieder gleichmäßig.

Die **Symmetric-Felgenbremse** der Firma Weinmann und
die Synchron-Felgenbremse der Firma Altenburger sehen
Seitenzugbremsen zwar ähnlich, doch haben sie deren
Nachteil nicht: Beide Bremsklötze werden zugleich angedrückt.

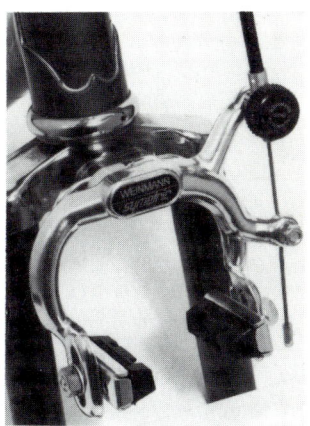

184   Diese Bremse bremst sym-
metrisch.

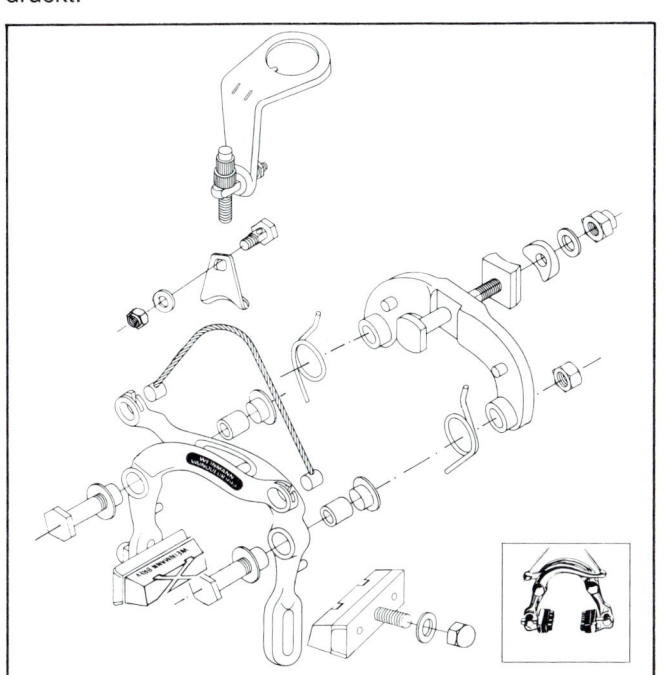

185   Eine Mittelzugbremse mit ihren Einzelteilen. Sie hat ein dreiek-
kiges Klemmstück.

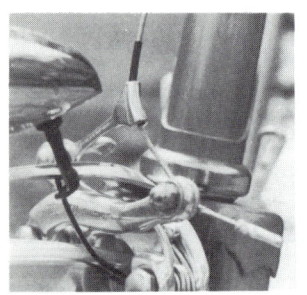

186 Aber auch ohne ein Klemm-stück ist dies eine Mittelzugbrem-se.

187 Bremsklötze bestehen aus Bremsschuhen und Bremsgummi. Man tauscht sie am besten ge-meinsam aus.

Das dritte System sind die **Mittelzugbremsen.** Sie sind so gebaut, daß von Anfang an nur gleichmäßig gebremst werden kann: Beide Bremshebelenden sind mit einem Stahldrahtseil verbunden, in dessen Mitte ein dreieckiges Klemmstück eingehängt ist. An diesem Klemmstück ist das Seil des Bowdenzugs festgeklemmt. Seine Hülle ist in eine Einstellschraube eingesteckt, die ihrerseits in einen Halter eingeschraubt ist. Dieser Halter wird beim Vorder-rad unter die Gegenmutter des Lenkkopflagers und beim Hinterrad an die Sitzkopfmuffe des Rahmens geschraubt.

Bei den **Bremsklötzen** sind die Bremsgummis mit ihrem schwalbenschwanzförmigen Unterteil in Bremsschuhen gelagert, die heute rundum geschlossen sind. Derartige Bauteile werden komplett ausgetauscht. Bei früheren Konstruktionen waren die Bremsschuhe nach einer Seite offen. Noch heute gibt es Ersatzgummis dafür, die in die Bremsschuhe eingeschoben werden. Wichtig ist dann, daß die offene Bremsschuhseite zum Rücklicht zeigt. Aus Sicherheitsgründen ist es aber besser, auch hier komplet-te Bremsschuhe mit Bremsgummi einzubauen. Die Bremsflächen der Gummis sind unterbrochen, damit Schmutz von den Felgenseiten abgestreift und Wasser weggeschoben wird.

Um eine Felgenbremse einzubauen, wird der Bremsbol-zen durch die Bohrung im Gabelkopf oder am Hinterbau geschoben. Bei der Vorderradbremse wird danach noch die Schutzblechhalterung auf den Bremsbolzen gescho-ben. Es folgt ein Sicherungsring und schließlich die Mut-ter, die fest anzuziehen ist. Zuvor kontrolliert man aber, daß die Bremsklötze gleich weit von den Felgenseiten-wänden entfernt sind. Von Zeit zu Zeit muß man deswe-gen diese Mutter lösen, die Bremse ausrichten und die Mutter wieder anziehen. Die Firma Weinmann bietet aller-dings Felgenbremsen an, die mit einem mitgelieferten Schlüssel sekundenschnell justiert werden können.

Bremsklötze werden ausgetauscht, bevor das Gummi restlos abradiert ist. Dabei deuten links und rechts un-gleich abgeschliffene Bremsgummis an, daß die Bremse neu ausgerichtet werden muß. Wurde ein Bremsgummi hinten mehr abgeschliffen als vorne, dann ist ein Brems-hebel verbogen. Dies liegt meist an den enormen Kräften, die Felgenbremsen aufnehmen müssen. Ob die Bremse zu erneuern ist oder ein Bremshebel ausgetauscht wird, muß bei einem Händler geklärt werden. Manchmal sind Ersatzteile auch einzeln zu haben.

Um die Bremsklötze zu wechseln, muß das Rad ausgebaut oder die Felgenbremse entspannt werden, indem man den Bowdenzug löst. Soll das Rad ausgebaut werden, so muß entweder der Bowdenzug gelöst oder die Luft im Reifen abgelassen werden. Die Muttern an den Bremsschuhen sind häufig festgerostet. Da man die Teile ohnehin nicht mehr verwenden kann, wird die Mutter einschließlich Bolzen einfach abgedreht, also abgewürgt. Beim Einbau neuer Bremsklötze dürfen die Sicherungsringe unter den Muttern nicht vergessen werden. Man richtet die Bremsklötze so aus, daß sie in der Mitte der Felgenseitenwände angreifen. Zum Schluß werden die beiden Muttern festgezogen.

Um eine Felgenbremse zu justieren, ist die Einstellung des Bowdenzugs besonders wichtig. Das Seil des Bowdenzugs steckt mit einem Ende in der Querbohrung einer Klemmschraube, die ihrerseits durch eine Bohrung am Ende eines Bremshebels oder durch das dreieckige Klemmstück der Mittelzugbremse gesteckt ist. Mit einer Mutter wird die Klemmschraube festgezogen, wobei das Bowdenzugseil fest eingeklemmt ist. Wenn der Einstellbereich der Justierschraube nicht ausreicht, löst man diese Mutter, womit die Seilklemmung frei wird. Nun löst man die Kontermutter an der Justierschraube und dreht diese bis auf zwei oder drei Windungen in ihren Halter hinein. Jetzt drückt man mit einer Hand beide Bremshebel soweit zusammen, bis die Bremsklötze an den Felgenwänden anliegen. Mit der zweiten Hand zieht man das Seil soweit wie möglich durch die Querbohrung der Klemmschraube. Falls das schwierig wird, nimmt man eine Kombizange zur Hilfe. Während man die Bremsklötze weiterhin zusammendrückt, wird die Mutter der Klemmschraube zugedreht. Sobald man dann den Bremsgriff fest anzieht und wieder losläßt, müßten sich die Bremsklötze so weit von den Felgenseiten abheben, daß die Felge frei durchdrehen kann. Wenn nicht, wird die Justierschraube weiter in ihren Halter hineingedreht. In jedem Fall muß die Kontermutter an der Justierschraube festgedreht werden.

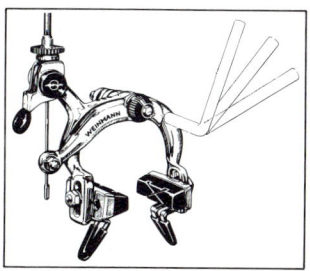

188 Weinmann-Felgenbremsen lassen sich sekundenschnell zentrieren. Der mitgelieferte Schlüssel macht's möglich.

97

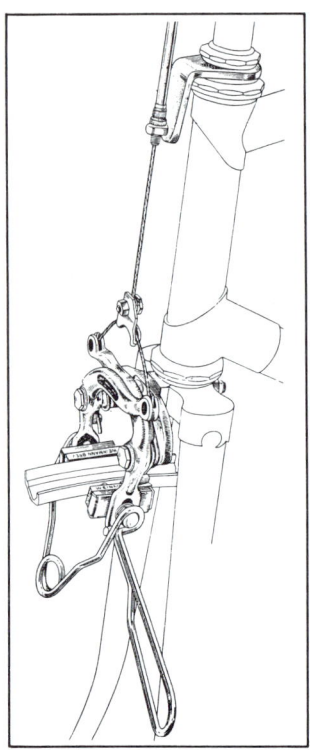

189 Wenn man keine Montage-feder hat, kann man die Brems-backen auch zusammenschnüren.

190 Mit der Semi-Automatic kann die Bowdenzugeinstellung feinfühlig, schnell und ohne Werkzeug vorgenommen werden. Das linke Seil führt zum Vorderrad.

Bei Mittelzugbremsen ist die Arbeit etwas schwieriger. Hier sollte man die Bremshebel zusammenbinden, damit beide Hände frei sind. Der Fachmann verwendet eine Montagefeder, mit der die Bremshebel zusammengehalten werden.

Anstelle der Justierschraube kann in vielen Fällen die »Semi-Automatic«-Kabelverstellung der Firma Weinmann verwendet werden. Ohne kontern zu müssen, kann dabei der Bowdenzug eingestellt werden, indem man am Rändelknopf dreht. Das ist deshalb eine interessante Möglichkeit, weil Bremsen wegen der Abnutzung des Gummis oft nachgestellt werden müssen. Bei Justierschrauben muß erst die Kontermutter geöffnet, die Schraube herausgedreht und die Mutter gekontert werden. Mit der Halbautomatik geht das schneller.

Teuere Felgenbremsen haben Schnellauslöser, mit denen die Bremseinstellung vorübergehend aufgehoben werden kann. Dann läßt sich das Rad ausbauen, ohne daß man die Luft ablassen oder die Bremse neu einstellen muß. Solche Schnellauslöser gibt es auch für den nachträglichen Einbau. Bei Mittelzugbremsen kann man darauf aber verzichten, weil das dreieckige Klemmstück nach dem Zusammendrücken der Bremshebel aus dem Verbindungsseil ausgehängt werden kann.

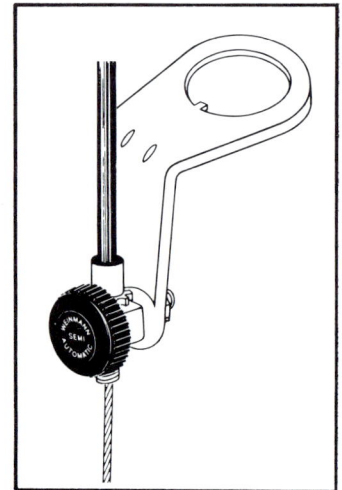
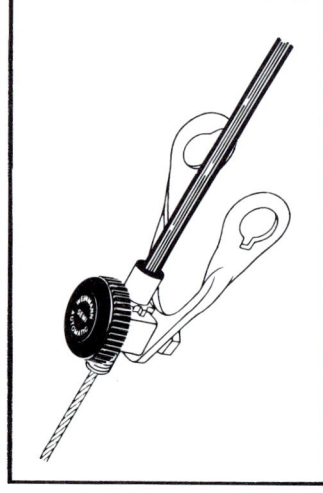

Reparaturen an einer Felgenbremse hängen in erster Linie davon ab, ob Ersatzteile zu beschaffen sind. Die Pflege ist dagegen eine Sache der Regelmäßigkeit. So müssen die Gelenkpunkte frei beweglich bleiben. Ein kriechendes Schmiermittel wie beispielsweise »Sonax MoS$_2$ Oil« sollte von Zeit zu Zeit auf diese Punkte aufgesprüht werden. Notfalls wird die Bremse mit Rostlöser wieder gängig gemacht. Bei Seitenzugbremsen kann es vorkommen, daß die vor den Bremshebeln angeordneten Muttern gewandert sind. Dann klemmen die Bremshebel. Man zieht zuerst die hintere Mutter fest. Danach löst man die vorn aufgeschraubte Hutmutter und auch die Kontermutter soweit, bis die Bremshebel spielfrei beweglich sind. Nun hält man die Kontermutter mit einem schmalen Schlüssel in dieser Position und zieht die Hutmutter fest. Wenn der Bremsbolzen verbogen ist,macht sich das als Rucken beim Bremsen bemerkbar. Man kann den Bolzen richten, doch steht dem ein verhältnismäßig geringer Preis für einen neuen Bolzen gegenüber.

191   Schnellauslöser sind an der Bremse oder am Seilzug ab Fabrik montiert . . .

Bowdenzug und Bremshebel

Bowdenzüge – also Stahldrähte, die sich in einer Ummantelung frei bewegen – dienen zur Übertragung einer mechanischen Bewegung bei Bremsen ebenso wie bei Schaltungen. Wenn sie verlegt werden, ist darauf zu achten, daß keine zu engen Kurven entstehen. Denn das würde im Bowdenzug zuviel Reibung verursachen. Andererseits soll ein Bowdenzug so kurz wie möglich sein, um die Reibung so gering wie möglich zu halten.
Neue Bowdenzüge sind mit einem Spezialfett geschmiert. Allerdings lassen sich Seile wie Hüllen auch einzeln kaufen. Dann empfiehlt es sich, vor dem Einschieben des Seils dickflüssiges Öl in die Seilhülle einlaufen zu lassen. Dazu muß eine am Fahrrad vorhandene Seilhülle ausgebaut werden, damit das Öl überall hinkommt. Eine Erleichterung ist es, wenn an der höchsten Stelle des montierten Bowdenzuges ein Öler eingebaut wird. Man entfernt an der Seilhülle ein Stück der Ummantelung, schiebt den Öler darüber und verschließt ihn mit zwei Klammern dauerhaft. Durch ein verschließbares Loch kann jederzeit Öl eingegeben werden.

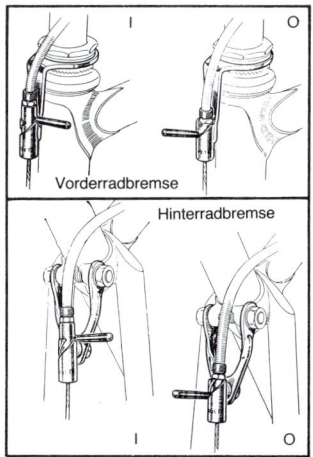

I = Funktion
0 = entspannt

192   . . . oder sie werden nachträglich eingebaut.

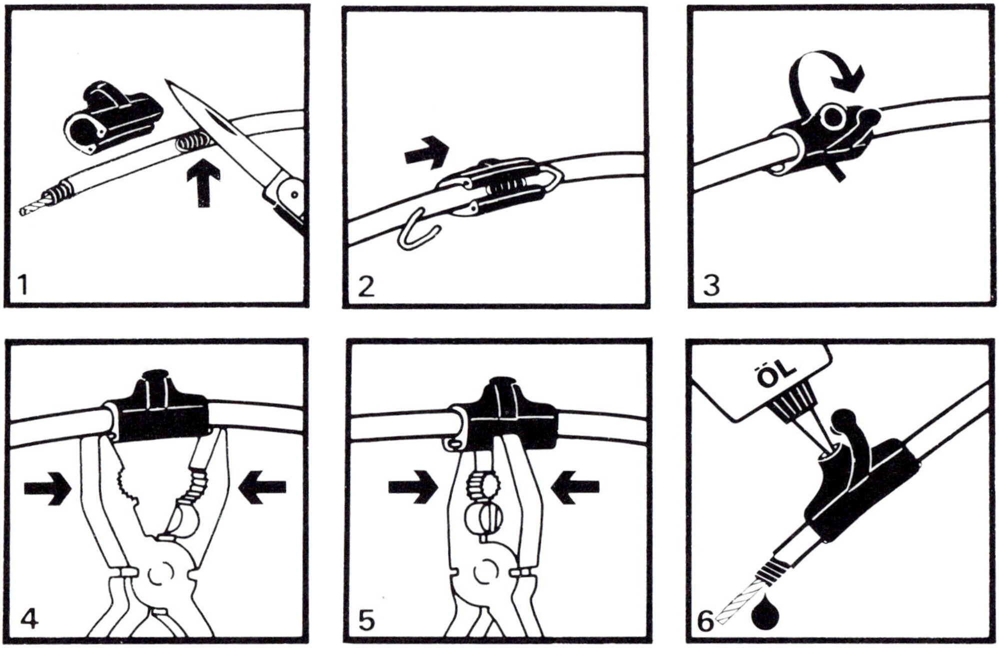

193 Mit dem Bowdenzugöler läßt sich jeder Zug leichtgängig halten.

Um einen passenden **Ersatzbowdenzug** oder auch nur den Innenzug zu beschaffen, nimmt man das defekte Teil mit. Vor allem beim Nippel des Seils gibt es Unterschiede in der Ausführung. Auf die Endhülse der Seilhülle kann nicht verzichtet werden. Sie stützt die Seilhülle gegen den Halter des Handbremshebels ab. Am anderen Seilhüllenende übernimmt die Einstellschraube der Felgenbremse diese Funktion. Manchmal muß die Ummantelung soweit entfernt werden wie die Seilhülle in die Endhülse oder Einstellschraube hineinragt. Mit einem Messer schneidet man

194 Bowdenzüge gibt es komplett und auch in Einzelteilen im Handel. Wichtig ist es, auf die Form des Nippels und auf die Länge des Zugs zu achten.

1 Nippel, 2 Endhülse, 3 Seilhülle, 4 Bowdenseil, 5 Schutzkappe.

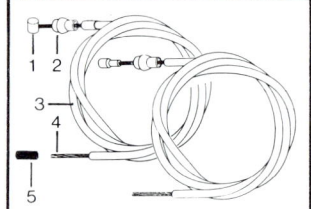

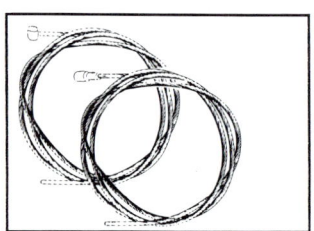

dann diese Hülle einmal rundum und das Endstück längs auf, wobei einige Windungen der Seilhüllen-Spirale sichtbar werden. Seil und Seilhülle kann man mit einem Seitenschneider abzwicken. Eine kleine Plastikhülle wird zuletzt am freien Seilende aufgeschoben. Dies dient der eigenen Sicherheit, denn allzuleicht verletzt man sich an einem der Einzeldrähte, aus denen das Bowdenzugseil durch Verdrillen hergestellt ist.

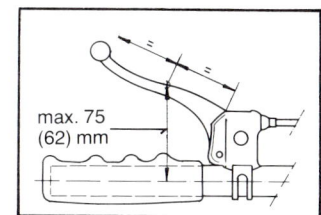

195 Der Handhebelabstand darf nicht zu groß sein.

Handbremshebel gibt es in vielen Variationen. Darum sollte man auf einige Dinge achten. So darf aus Sicherheitsgründen der Handhebelabstand nicht größer sein als 75 mm, bei Kinderfahrrädern 62 mm. Unter dem Handhebelabstand versteht man den Abstand von der Mittellinie des Lenkerbügels zum Mittelpunkt der äußeren Grifffläche des Bremshebels in nicht gebremstem Zustand. Daraus folgt, daß nicht jeder Handbremshebel auf jeden Lenker paßt. Auch soll der Handbremshebel stabil gebaut und leicht durchzuziehen sein, ohne dabei seitlich zu wackeln. Schließlich muß im Hebel ein drehbarer Einsatz zum Einhängen des Nippels am Bowdenzugseil vorhanden sein. Ein Handbremshebel, in dem der Bowdenzug mit einer Klemmschraube festgehalten wird, entspricht nicht mehr dem Stand der Technik. Man sollte dergleichen nicht kaufen.

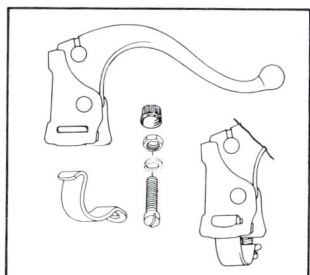

196 Diese Schelle ist von außen erreichbar.

Der Handbremshebel wird am Lenkerrohr befestigt, und zwar mit einer von außen erreichbaren Schraube oder mit einer Schraube im Inneren des Bremshebelkörpers. Im ersten Fall wird der Bremshebelkörper an die gewünschte Stelle des Lenkers gesetzt, die Klemmschelle eingehängt und mit der Schraubverbindung geschlossen. Zwischen Mutter und Bremshebelkörper darf der Sicherungsring nicht fehlen. Im zweiten Fall wird aus dem Bremshebel die im Inneren angebrachte Schraube herausgedreht, wobei die Schelle mit ihrer Mutter frei wird. Dann legt man die Schelle um das Lenkerrohr, hängt die Nasenmutter in die Schlitze der Schelle und setzt die Hülse auf die Schelle auf. Danach dreht man die Schraube wieder ein, stellt den Handbremshebel in die richtige Position und zieht die Schraube fest. Schließlich wird der Bowdenzug eingehängt und die Bremse justiert.

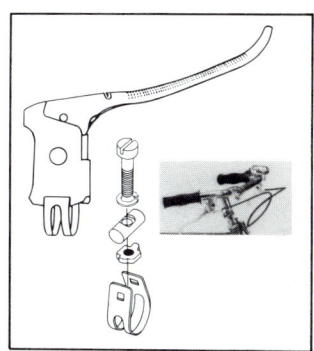

197 An diesem Handbremshebel erreicht man die Befestigungsschraube, wenn der Griff angezogen ist.

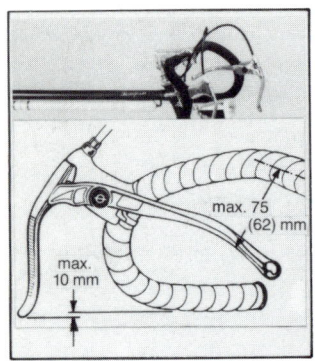

198 Zusatzhebel sind bei Rennsporträdern sehr beliebt.

Für **Rennlenker** stehen Handbremshebel zur Verfügung, die mit Zusatzhebeln ausgerüstet sind. Diese Hebel dienen der eigenen Sicherheit, weil man nicht umgreifen muß. Bei solchen Hebeln gibt es für links und rechts je eine Ausführung. Sonst sind Handbremshebel links und rechts verwendbar. Damit der Bowdenzug möglichst wenig gebogen wird, muß bei Seitenzugbremsen beachtet werden, daß der Handbremshebel dann links angebracht wird, wenn der Bowdenzug an der Bremse rechts sitzt – und umgekehrt. Der Bowdenzug für die Bremse am Hinterrad wird zu der noch freien Seite des Lenkers geführt.

Das E-Werk und seine Verbraucher

Umweltfreundlich, fast alternativ ist nach heutigen Maßstäben die Stromversorgung am Rad, die der eigenen Sicherheit und der eigenen Sicht dient. Der Gesetzgeber hat dazu genaue Vorstellungen entwickelt, die in §67 der Straßenverkehrs-Zulassungs-Ordnung so beschrieben sind:
»Fahrräder müssen mit einem nach vorn wirkenden Scheinwerfer für weißes Licht ausgerüstet sein. Der Lichtkegel muß mindestens so geneigt sein, daß seine Mitte in 5 m Entfernung vor dem Scheinwerfer nur halb so hoch liegt wie bei seinem Austritt aus dem Scheinwerfer (Bild 18, Seite 19).

Der **Scheinwerfer** muß am Fahrrad so angebracht sein, daß eine unbeabsichtigte Verstellung nicht eintreten kann. Fahrräder müssen an der Rückseite mit einer Schlußleuchte für rotes Licht und mit einem roten Rückstrahler ausgerüstet sein. Der niedrigste Punkt der leuchtenden Fläche der Schlußleuchte darf nicht weniger als 250 mm, der höchste Punkt der leuchtenden Fläche nicht höher als 600 mm über der Fahrbahn liegen. Schlußleuchte und Rückstrahler dürfen in einem Gerät vereinigt sein. Der Scheinwerfer darf nur zusammen mit der Schlußleuchte einschaltbar sein. Fahrräder dürfen an der Rückseite mit einer zusätzlichen, auch im Stand wirkenden Schlußleuchte für rotes Licht ausgerüstet sein. Diese Schlußleuchte muß unabhängig von der übrigen Beleuchtungs-

* min. 250 mm
  max. 600 mm

199 Der richtige Rückstrahler und die richtigen Höhen sind vom Gesetzgeber vorgeschrieben.

einrichtung einschaltbar sein. In den Scheinwerfern und Leuchten dürfen nur die nach ihrer Bauart dafür bestimmten Glühlampen verwendet werden. Die Nennleistung der Lichtmaschine darf nur 3 Watt betragen«. Im heutigen Verkehr sind diese 3 Watt nicht gerade viel. Um so mehr ist darauf zu achten, daß die Lichtanlage jederzeit einwandfrei funktioniert.

Die vom Gesetzgeber zugelassene »Lichtmaschine« heißt am Fahrrad Dynamo. Er wandelt Drehbewegungen in elektrischen Strom um, der über den Stromkreis zum Scheinwerfer und zur Schlußleuchte transportiert wird. Die Drehbewegungen werden erzeugt, indem die Reibrolle des Dynamo an eine Reifenseite angedrückt wird.

Der Dynamo sitzt meist am Vorder- oder Hinterrad. Es gibt aber auch Konstruktionen, bei denen der Dynamo in der Vorder- oder Hinterradnabe, im Tretlager und als Walzensystem unterhalb des Tretlagers am Hinterrad ein- oder angebaut ist. Der Nabeneinbau macht den Stromerzeuger witterungsunabhängig, er funktioniert auch beim Fahren im Schnee. Die Reibrolle eines normalen Dynamos kann bei Schnee leicht am Rad schleifen.

Bei neueren Rädern ist an der Gabel oder am Rahmenhinterbau eine Lasche angeschweißt. Daran wird der Dynamo festgeschraubt. Ältere Räder haben Halterungen für den Dynamo. Wichtig bei dieser Version ist, daß die Masseschraube gut festgezogen wird. Grundsätzlich sollten die Befestigungsschrauben niemals lose sein, denn wenn der Dynamo in die Speichen gerät, kann ein Unfall die Folge sein. Um den Dynamo stets einschalten zu können, muß die Auslösemechanik beweglich gehalten werden. Ab und zu ein wenig Öl ist an dieser Stelle nicht verkehrt. Schließlich soll der Dynamo richtig zum Reifen hin ausgerichtet sein. Anderenfalls gibt es Abrieb am Reifen und damit vorzeitigen Verschleiß.

Der Scheinwerfer kann nur scheinen, wenn der Dynamo dreht, die Stromzufuhr nicht unterbrochen, die Glühlampe nicht defekt ist und wenn der Reflektor im Scheinwerfer noch reflektiert. Eine Reparatur ist heute kaum noch möglich, weil es die Ersatzteile nicht gibt. Also muß ein neuer Scheinwerfer angebaut werden, und zwar am Lenker, auf dem Schutzblech, an der Gabel oder am Dynamo. Meistens aber kommt ein Defekt am Scheinwerfer von der

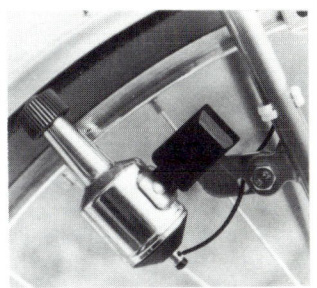

200 Dieser Dynamo ist am Hinterrad angeordnet und an einer angeschweißten Lasche befestigt.

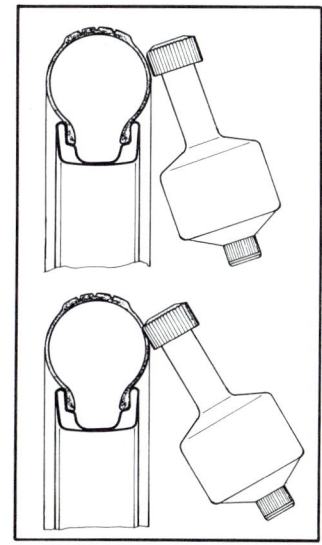

201 Eine richtige Dynamoeinstellung schont die Reifen. Auf der unteren Abbildung schleift sich schnell eine Rille in die Reifenseite ein.

103

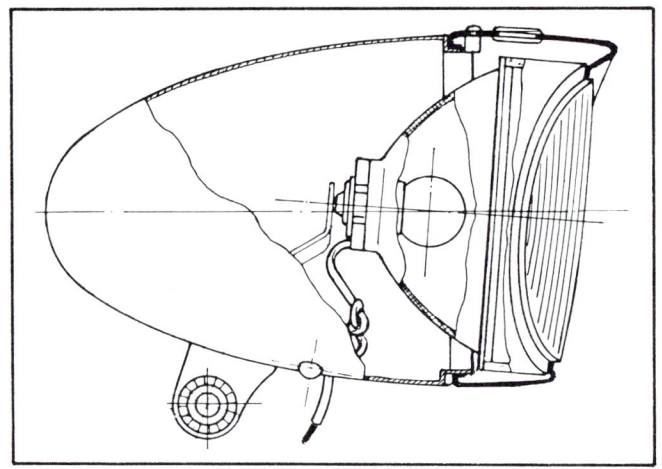

202 Dies ist ein Schnitt durch einen modernen Scheinwerfer.

Stromzuführung oder der Glühlampe. Nur selten ist es die Masseverbindung, die zwischen Scheinwerfer und Rahmen mit der Scheinwerferbefestigung entsteht. Um den Scheinwerfer zu öffnen, muß man eine Schraube oder eine Klemmung lösen. Die Glühlampe sitzt in einer Lampenfassung, die in den Reflektor gesteckt wird. Über diesen Reflektor ist das Glühlampengewinde mit der Masse verbunden. Eine Kontaktfeder drückt auf das Ende am Glühlampengewinde. Hier liegt einer der Pole an. Alle Übergangsstellen müssen trocken und rostfrei sein. Man reinigt die Stellen mit Schleifpapier oder kratzt mit einem Messer den Rost weg. Eine defekte Glühlampe erkennt man an einer Schwärzung im Glas oder daran, daß der Glühfaden gebrochen ist. Eingebaut wird eine Lampe 6V 2,4 W, wobei beachtet werden muß, daß meist auch die Lampe in der Schlußleuchte durchgebrannt ist.

Schlußleuchten sind vom Aufbau her den Scheinwerfern ähnlich. Sie werden am Schutzblech angeschraubt oder mit Rohrschellen an den Gepäckträgerstreben befestigt. Die Schraube der Schutzblechbefestigung ist nur beim Ausbau des Hinterrades frei zugänglich. Dann aber ist sie meistens noch festgerostet. Die Schlußleuchte muß jedoch fest sitzen, weil sonst die Masseverbindung unter-

203 Der Aufbau eines Rückstrahlers ähnelt dem des Scheinwerfers.

104

brochen ist. Bei Alu-Schutzblechen kommt es vor, daß die Befestigung der Schlußleuchte ausreißt. Man kann sich mit einer größeren Unterlegscheibe zwischen Befestigungsmutter und Schutzblechinnenseite helfen oder das Schutzblech erneuern. Um die Glühlampe zu überprüfen, wird die Schlußleuchtenabdeckung abgeschraubt. Verwendet wird eine Glühlampe mit 6 Volt und 0,6 Watt.

Der **Stromkreis am Fahrrad** besteht aus der Masseverbindung und der Verbindung des Pluspols als Stromzuführung über einen Draht. Die Masseverbindung nutzt die Tatsache, daß alle Metallteile am Rad miteinander in Verbindung stehen. Die zweite Verbindung als Stromzuführung geht per Kabel vom Dynamo zum Scheinwerfer und zur Schlußleuchte. Dabei ist es gleichgültig, ob je eine Leitung vom Dynamo zu den beiden Verbrauchern verlegt ist oder ob vom Dynamo eine Leitung zuerst zum Scheinwerfer und von dort zur Schlußleuchte verläuft. Im Handel gibt es Kabel, die an beiden Enden mit offenen Klemmösen verbunden sind. Sie werden so unter die Rändelmuttern an Dynamo und Verbraucher gelegt, daß sie beim Anziehen der Rändelmuttern nicht herausgequetscht werden. Wer Kabel als Meterware verwendet, entfernt an Anfang und Ende etwa 30 mm der Isolation. Vorsichtig wird die Kunststoffhülle um den Draht herum aufgeschnitten. Sie läßt sich dann abziehen. Die freien Drahtenden bestehen aus feinen Einzeldrähten. Diese verdrillt man untereinander und wickelt sie um die zuvor gereinigte Kontaktschraube an Dynamo oder Verbraucher. Nach dem Zudrehen der Rändelmutter ist die Verbindung hergestellt.

Das Kabel verlegt man längs der Rahmenrohre. Mit Klebeband wird es befestigt, wobei man zuerst durch Einschlagen des Lenkers in beiden Richtungen überprüft, ob das Kabel spannt. Zu lange Kabel wickelt man um einen Bleistift. Das ergibt eine Spirale, die auch Längenunterschiede ausgleichen kann.

An vielen Rädern sind die Kabel in den Rahmenrohren verlegt. Das Auswechseln wird dann schwierig. Ist das alte Kabel noch komplett vorhanden, so legt man den Draht an einem Ende des neuen und des alten Kabels frei, verdrillt beide miteinander und führt das neue Kabel durch langsames Herausziehen des alten Kabels ein.

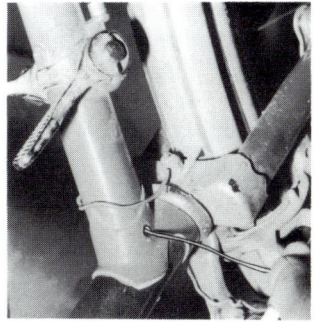

204 *Auch im Rahmenrohr verlegte Kabel können erneuert werden.*

Vom Dynamo fließt der Strom über das Lampenkabel 2 zur Lampe 1 und von dort über Rahmenkabel 4, Kontaktstecker 6, innenliegende Aluminiumfolie 7 und Kontaktstekker 9 zur Glühlampe 8. Die Masseverbindung erfolgt über die Streben 10 und den Rahmen 5 zur Dynamobefestigung 3.

205 Bei diesem System stellt sich das Schutzblech als Stromführung zur Verfügung.

Beim Rennrad meines Sohnes war das Kabel in der Nähe des Gabelschaftrohres abgeschert und in den Rahmen gefallen. Deswegen zog ich den Plastiknippel heraus, der das Kabel zum Rahmen hin auf Distanz hielt. Danach hängte ich im Keller das Rad mit dem Hinterrad nach oben auf, damit das freie Kabelende nach unten – zum Gabelschaft hin – rutschen konnte. Zur Unterstützung schob ich von oben etwas Kabel nach. Mit einer Taschenlampe konnte ich durch das Loch hindurch das Kabel erkennen. Daraufhin bog ich einen Drahthaken, mit dem ich durch das Loch hindurch das Kabel fing und herauszog. Von da an ging es wie oben beschrieben. Zum Schluß schob ich den Plastiknippel über das Kabel und wieder in das Loch. Ein anderes System der elektrischen Verbindung stellt Esge-marby zur Verfügung. Dabei wird der Strom zur Schlußleuchte über eine im hinteren Kunststoff-»Schutzblech« eingearbeitete Aluminiumfolie geführt. Von dort verläuft ein kurzes Kabelstück zur Schlußleuchte und vom anderen Schutzblechende zur Lampe hin. Dieses Kabel ist dann meistens auch im Rahmen verlegt.

206 Unterhalb des Sattels ist die Elektronik montiert, mit der bei Dynamostillstand automatisch auf Batteriebetrieb umgeschaltet wird.

Wie schon beschrieben, geht am Fahrrad die Beleuchtung aus, sobald die Reibrolle am Dynamo nicht mehr gedreht wird. Damit ist eine hohe Unfallgefahr verbunden, weil beispielsweise beim Warten auf der Spur zum Linksabbiegen das Fahrrad vom nachfließenden Verkehr nur schlecht gesehen werden kann. Die Firmen Daimon und Varta haben Geräte entwickelt, die beim Stillstand des Dynamos automatisch den Scheinwerfer und die Schlußleuchte mit Batteriestrom versorgen. Eine Elektronik schaltet jeweils den Betriebszustand und sorgt auch für sparsamen Stromverbrauch im Batteriebetrieb. Außerdem gibt es dazu spezielle Schlußleuchten, deren Helligkeit die von üblichen Schlußleuchten um das Hundertfache übertrifft. Vom Batterieverbrauch abgesehen, hat dieses Angebot aber auch den Nachteil, daß die Ersatzlampen unverhältnismäßig teuer sind.

Die Schutzbleche

Der Schmutz, der von den Reifen hochgeschleudert wird, soll von den Schutzblechen abgefangen werden, bevor er den Fahrer erreicht. Die Schutzbleche können aus Stahl, Leichtmetall oder Kunststoff bestehen, es gibt sie lackiert, verchromt und poliert. Es gilt aber noch lange nicht, daß

207 Kleidernetz und Mantel-schoner schützen den Fahrer gegen hochschleudernden Straßenschmutz.

rostfreie Schutzbleche auch rostfreie Halter haben, und so rosten auch hier sehr oft Schrauben und Muttern zusammen. Mit Rostlöser, Geduld und den passenden Schlüsseln sind die Gewindeverbindungen aber meistens doch zu lösen.

Das **Vorderradschutzblech** ist am Bremsbolzen mit aufgehängt. Zum Abbau müssen das Vorderrad ausgebaut und die Haltemuttern des Bremsbolzens abgenommen werden. Am Hinterradschutzblech gibt es eine schwierige Stelle an der Befestigung in der Nähe des Tretlagers: Die dort übliche Schraubenverbindung kann nur mit Steckschlüssel-Ratschen geöffnet werden. Dafür ist meist auch noch der Fahrradständer abzuschrauben, weil der Kopf seiner Befestigungsschraube im Weg ist. Wenn es gar nicht anders geht, wird die Schraube abgemeißelt. Man setzt dabei den Meißel vor dem Halterohr und nicht vor dem Schutzblech an, sonst wird das Schutzblech beschädigt.

Was gehört noch zum Fahrrad?

Kleidernetze und **Mantelschoner** verhindern, daß Kleidungsstücke in die Speichen geraten. Die Netze aus buntumsponnenen Gummifäden hängen an Löchern auf beiden Seiten des Schutzbleches. An der Hinterradnabe sind die Netze in Drahtringen gefaßt und mit den Radmuttern befestigt.

Mantelschoner aus Kunststoffolie schützen den Fahrer gegen wegfliegenden Schmutz. Sie sind vom Hollandrad her bekannt und lassen sich mit Spangen und Drahtklammern leicht und schnell ab- und anbauen. Solche Mantelschoner sind wesentlich haltbarer als die Netze, an denen schon bald die Gummifäden zu reißen beginnen.

Fahrradständer halten das Rad aufrecht, wenn man es abstellt. Am bekanntesten ist die einbeinige Fahrradstütze. Es gibt sie in verschiedenen Längen, und wenn sie nicht passen sollte, wird das überlange Ende abgesägt. Montiert wird der Ständer an ein Plättchen, das am Rah-

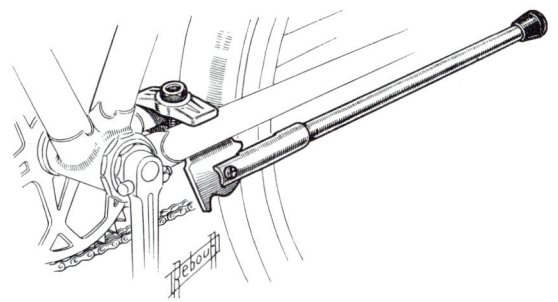
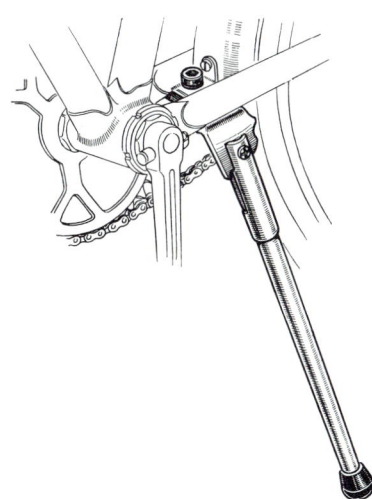

208 Der Fahrradständer ist am angeschweißten Plättchen angeschraubt (rechts) oder an den Hintergabelrohren (links) geklemmt.

men angeschweißt ist, oder durch Klemmung auf den beiden Hintergabelrohren. Wer keinen passenden Innen-
sechskantschlüssel besitzt, sollte die Befestigung mit einer Sechskantschraube vorziehen. Etwas Öl an den Ge-
lenken erhält die Beweglichkeit eines solchen Fahrrad-
ständers.

Gepäckträger gibt es in den verschiedensten Ausführungen und Größen. Sie sind am Hinterbau des Rahmens befestigt und stützen sich an den Gabelenden oder direkt auf
der Achse der Hinterradnabe ab. Wichtig scheint mir beim
Ersatzkauf zu sein, daß auf dem Gepäckträger zum Sattel
hin ein »Anschlag« vorhanden ist. Dieser verhindert, daß
festgeklemmte Gegenstände zum Rahmen hin gedrückt
werden.

209 Dieser Gepäckträger hat einen Anschlag zum sicheren Halt.

Die **Radklingel** ist vom Gesetzgeber vorgeschrieben.
Meist hat sie innen ein Zahnsegment, das beim »Klingeln«
zwei Gewichte im Kreis herumschleudert, die an das Klingelgehäuse anschlagen. Wenn die Klingel nur dumpf klap-
pert, ist dieses Klingelgehäuse zu fest aufgeschraubt.
Läßt sich der Handhebel nicht oder nur schwer bewegen,
so sollte man die Teile mit Öl oder Sonax wieder gängig
machen.

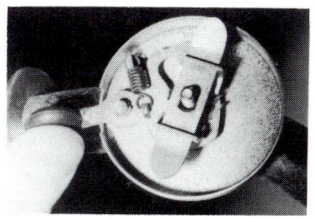

210 Das Innenleben der Klingel
muß hin und wieder Öl erhalten.

211 Diebe meiden nur richtig gesicherte Fahrräder.

Fahrradschlösser haben oft nur symbolischen Charakter. Die Vielzahl der jährlich gestohlenen Fahrräder beweist das. Viele machen es den Dieben aber auch zu leicht. Auf »Nummer sicher gehen« bedeutet für Fahrradfahrer in jedem Fall: Sich nicht auf leichte Schlösser zu verlassen, sondern am besten den Rahmen des Fahrrades an festverankerte Gegenstände anketten. Außerdem sind die Räder dann gefährdet, wenn sie auf Schnellspannachsen sitzen. Wer sich gegen einen Verlust schützen will, hilft sich mit Kabelschlössern, die das Vorderrad und das Hinterrad mit dem Rahmen verbinden. Dabei sollte man Zahlenschlösser nicht verwenden, weil zuviele Leute ein Gefühl dafür haben, wann die richtigen Zahlen einrasten.

Zubehör gibt es in Mengen. Über Sinn und Zweck urteilt jeder selbstverständlich aus seiner eigenen Sicht. Der Fahrradhandel, die entsprechenden Abteilungen der Kaufhäuser und der Versandhandel sind oft recht gut sortiert. Deswegen soll auf Zubehör hier nicht näher eingegangen werden.

Lack und **Chrom** brauchen Pflege. Für Chrom stehen die verschiedensten Pflegemittel zur Verfügung, die auch am Auto Verwendung finden. Die Lackteile reibt man monatlich einmal mit einem schwach fettigen Lappen ab. Dabei dürfen Alu-Schutzbleche, wie Aluteile überhaupt, nicht mit Fett in Berührung kommen, sonst werden sie matt. Man reinigt nur mit einem trockenen Lappen. Zum reinen Fahrradputzen kann Wasser verwendet werden, dem Reinigungsschampoo zugegeben wird. Doch hat ein Öl-Petroleumgemisch im Verhältnis 1:1 den Vorzug, daß ein Ölfilm als Schutz zurückbleibt.

Auf keinen Fall sollte man den Fehler machen, Felgenseiten mit Chromputzmittel zu behandeln, wenn Felgenbremsen vorhanden sind. Die als Schutz auf dem Metall verbleibenden Schichten verschlechtern sonst die ohnehin nie zu hohe Bremswirkung, was zur Sicherheit keinesfalls beiträgt.

212 Über Zubehör am Rad können die Meinungen verschieden sein. In einer solchen Packtasche jedenfalls kann allerhand verstaut werden.

Stichwortregister

Bildnachweis

Titelbild: Fahrradfabrik Schauff GmbH, 5480 Remagen

Angenieux-CLB S.A., F42030 St-Etienne Cedex, Abb. 192, 208
Arnold & Stolzenberg GmbH, 3352 Einbeck, Abb. 112, 113
Belser Verlag, 7000 Stuttgart 1 (entnommen dem Titel:
Gibbs-Smith »Die Erfindungen des Leonardo da Vinci«),
Abb. 1
Daimon GmbH, 5000 Köln 30, Abb. 206
Deutsches Museum, 8000 München 26, Abb. 2
FAG Kugelfischer, Georg Schäfer & Co., 8720 Schweinfurt,
Abb. 159 bis 163
Fichtel & Sachs AG, 8720 Schweinfurt 2, Abb. 95, 96, 99 bis
101, 104 bis 108, 122, 123, 125, 127 bis 131, 133 bis 139,
141 bis 148, 153, 178
Adolf Fischer, K. Petershans, 7432 Urach 1, Abb. 193
Huret, F-92000 Nanterre, Abb. 87, 88, 90
Kalkhoff-Werke GmbH, 4590 Cloppenburg, Abb. 4, 5, 9, 11
Heinz Kettler, Metallwarenfabrik GmbH & Co., 4763 Ense-
Parsit, Abb. 8
Kripo-KPVP-Presse Bilderdienst, 7000 Stuttgart, Abb. 211
Herbert Kurthen, 5000 Köln 30, Abb. Seite 12
Otto Kynast GmbH & Co. KG, 4570 Quakenbrück, Abb. 10,
13, 33
»Le Simplex«, Ets., F-21019 Dijon Cedex, Abb. 121, 132
Metzeler Kautschuk AG, 8000 München 2, Abb. 166, 167
Nürnberger Hercules-Werke GmbH, 8500 Nürnberg 1,
Abb. 20
Cycles Peugeot, 5063 Overath, Abb. 6, 7
Fahrradfabrik Schauff GmbH, 5480 Remagen, Abb. 12
Steyr-Daimler-Puch AG, A-1011 Wien, Abb. 3
Sun Tour USA Inc., Pine Brocke, New Jersey USA, Abb. 102
Alfred Thun & Co. GmbH, 5828 Ennepetal 13, Abb. 152, 155,
157
UNION Sils, van de Loo & Co., 5758 Fröndenberg/Ruhr,
Abb. 164, 202
Weinmann GmbH & Co. KG, 7700 Singen/Hohentwiel, Abb. 182
bis 185, 187 bis 190, 194 bis 197

Alle übrigen Abbildungen stammen vom Verfasser.

Einen besonderen Dank möchten wir den Firmen Nürnberger
Hercules-Werke GmbH und Kalkhoff-Werke GmbH für Bildaus-
schnitte und Informationen sagen.

114

Doppelbände aus der Reihe »Fachwissen für Heimwerker«

Jeder Band hat etwa 150 Seiten mit zahlreichen Abbildungen und Zeichnungen.
Format 16 x 23 cm. Kaschiert mit abwaschbarer Leinenfolie.

Heizkosten sparen
Von Karl-Heinz Böse
Maßnahmen zum Einsparen von Heizenergie mit
praktischen Anleitungen zum Selbermachen.

Kalt-, Warm- und Abwasser-leitungen selbst verlegt
Von Karl-Heinz Böse
Neben dem Verlegen von Leitungen werden
Anschluß und Montage der verschiedensten Geräte
ausführlich beschrieben.

Hausbau leicht gemacht
Von Werner Dittmer
Wegweiser für Bauinteressierte, die durch Mithilfe
beim Bauen und Ausbauen Kosten sparen wollen.

Betonieren und Mauern
Von Hans H. Göres
Anleitungen zum Mischen, Betonstampfen und
-gießen, zum Ausführen von Fundamenten und
Betonböden sowie zum Anlegen von Stein-
verbänden.

Richtig renovieren
Von Rudolf Horstmann
Ein Ratgeber für die Verschönerung des gesamten
Wohnbereichs. Mit vielen Tips und Alternativvor-
schlägen zur Lösung technischer Probleme.

Dachgeschoßausbau
Von Dietmar Lochner
Alles Wissenswerte von der Planung bis zum prakti-
schen Ausbau. Mit 400 Zeichnungen.

Kellerausbau
Von Dietmar Lochner
Alles über Ausbaufähigkeit und die Lösung von technischen Problemen. Mit vielen Nutzungsvor-
schlägen.

Ferien- und Wochenendhäuser im Selbstbau
Von Dietmar Lochner
Konstruktionsbeispiel für das „Skelett" eines Holz-
hauses. Mit allen Einzelheiten in Wort und Bild.

Holzarbeiten, dekorativ und nützlich
Von Heinz Graesch
Selbstbau von Gebrauchsgegenständen, Deko-
Objekten und Spielzeug. Mit Zeichnungen und
Stücklisten für über 40 Holzarbeiten.

Wärme- und Schalldämmung im Innenausbau
Von Dietmar Lochner/Wolfgang Ploss
Unnötig hohe Heizkosten kann man vermeiden,
Lärmquellen oft mit geringem Aufwand beseitigen.
Wie zeigt dieses Buch.

Bauen im Garten mit Holz und Beton
Von Peter H. Nengelken
Eine Fundgrube für alle, die Holz- und Betonobjekte
im Freien bauen möchten.

Rustikale Möbel selbst gebaut
Von Peter H. Nengelken
Am Beispiel eines Schrankes wird gezeigt, wie Holz-
verbindungen, Möbelteile und fertige Objekte
entstehen. Mit genauen Anleitungen für kleine und
große Möbel.

Vom Brachland zum gepflegten Garten
Von Peter H. Nengelken
Ideen zur Gestaltung Ihres Grundstückes. Vom
Blumengarten und Gartenhaus bis hin zu Teichen
und Wasserfällen.

Kunstschmieden
Von Gerd Sandstede
Einführung in ein altes Handwerk. Wie Werkstücke
entstehen und welches Material und Werkzeug
benötigt wird, erläutert dieser Band.

 Verlagsgesellschaft Rudolf Müller GmbH · Köln

Weitere Bände aus der Sachbuchreihe »Fachwissen für Heimwerker«

Von Heinz-Peter Mielke

Dem Leser wird anschaulich vermittelt, wie sich Kacheln vom Entwurf bis zur Ausformung herstellen und glasieren lassen. Ferner wird der Weg von der Kachel zum betriebsbereiten Kachelofen aufgezeigt, so daß sich der Aufbau nachvollziehen läßt.

Von Eduard Wiegand

Der Innenausbau in Trockenbauweise unter Berücksichtigung des Schall-, Wärme-, Feuer- und Feuchtigkeitsschutzes, das Verarbeiten von Gipskartonplatten, wird neben Einsatzvorschlägen beim Dachgeschoß- und Kellerausbau sowie bei der Althaussanierung beschrieben.

Die Reihe umfaßt inzwischen fast 100 Bände. Fordern Sie unseren Gesamtprospekt an.

Der große Heimbauhelfer
Von Hans H. Göres
313 Seiten

Mit diesem Buch werden alle am Bauen und Ausbauen interessierten angesprochen, die sich in ihrer Freizeit mit den handwerklichen Grundkenntnissen beschäftigen, sie erweitern und vervollkommnen möchten. Es enthält die Zusammenfassung aller von Laien ausführbaren Bauarbeiten mit exakten Anleitungen und ist überdies ein umfassender Ratgeber, den jeder Eigenbauunternehmer besitzen sollte.

 Verlagsgesellschaft Rudolf Müller GmbH
Postfach 41 09 49 · 5000 Köln 41